EAT CLEAN

MICHAEL WECKERLE & ANTON ENNS

CLEAN EATING *to go*

50 natürliche und gesunde Rezepte für unterwegs

EMF

EIN BUCH DER
EDITION MICHAEL FISCHER

INHALT

VORWORT

Ich heiße dich recht herzlich willkommen zu „Clean Eating to go". Mein Name ist Michael Weckerle und ich stelle dir auf den folgenden Seiten die Clean-Eating-Philosophie vor und worauf du achten musst, wenn du dich natürlich und ausgewogen ernähren willst. Meine Ernährung basiert schon seit Jahren auf dieser Philosophie, und ich bin absolut davon überzeugt, dass diese Form der Ernährung die Grundlage für lebenslange Gesundheit und Vitalität ist.

Auch ich habe die Erfahrung gemacht, wie der Körper durch verarbeitete Lebensmittel manipuliert und in eine Richtung gelenkt wird, die mit Gesundheit, Vitalität und Wohlbefinden nicht mehr viel zu tun hat.

In den letzten zehn bis zwölf Jahren habe ich sämtliche Produkte, die industriell verarbeitet sind, von meinem Ernährungsplan gestrichen, kaufe und genieße im Alltag ausschließlich nährstoffreiche und natürliche Lebensmittel.

Meine sportlichen Ziele und Träume konnte ich mir dank dieser Ernährungsphilosophie erfüllen. Und wenn auch du den Wunsch hast, etwas für deine Gesundheit zu tun, dann empfehle ich dir, Clean Eating einfach auszuprobieren. Jeder Mensch kann ein Clean Eater werden und wie ich von den vielen Vorteilen profitieren.

Immer mehr Menschen begeistern sich für die Clean-Eating-Philosophie. Einige lassen sich allerdings von der Annahme abschrecken, dass diese Ernährungsweise zu viel Zeit in Anspruch nimmt — gerade im Arbeits- oder Unialltag muss die Zubereitung von Mahlzeiten meist schnell und unkompliziert sein.

Der Koch Anton Enns hat für dieses Buch jede Menge Rezepte für schnell gekochte und leckere Gerichte zum Mitnehmen entwickelt. Clever verpackt lassen sie sich problemlos mit ins Büro, in die Schule oder in den Park nehmen. Außerdem zeigen wir dir Möglichkeiten auf, wie du jeden Tag das Clean-Eating-Konzept stressfrei umsetzen kannst.

Viel Spaß beim Ausprobieren!

Dein

Michael Weckerle

DIE GRUNDLAGEN

LEBENSSTIL & ERNÄHRUNG

WO STEHEN WIR HEUTE?

Was unseren Ernährungsstil betrifft, so hat sich in den letzten 40 Jahren einiges geändert. Wir sind bequemer geworden, weil uns angeblich die Zeit zum Einkaufen und Kochen fehlt. Und darauf haben die Lebensmittelproduzenten und Supermärkte reagiert. Ein neugieriger Blick auf das Lebensmittelangebot zeigt, dass industriell verarbeitete Nahrungsmittel unsere Lebensmittelläden überfluten. Die Tiefkühlabteilungen sind größer geworden und bieten uns eine bisher nie dagewesene Vielfalt an nährstoffarmen, dafür aber kalorienreichen Lebensmitteln.

Stark verarbeitete Lebensmittel enthalten unzählige zugelassene Lebensmittelzusatzstoffe, deren Wirkung auf den menschlichen Organismus nie erforscht wurde. Und für den Geschmack sorgen künstliche Geschmacksverstärker und Aromen aus dem Reagenzglas. In geringen Mengen unbedenklich heißt es vonseiten der Lebensmittelindustrie. Man darf das bezweifeln, wenn eine 80 Kilogramm schwere Person in ihrem Leben etwa 75 Tonnen Nahrung konsumiert.

Wenn es um die Nahrungsmittelauswahl geht, locken vor allem jene, die „schnell zubereitet und preiswert" sind. Die Nahrungsmittelindustrie gaukelt uns in der Werbung gesunde und günstige Produkte vor. Wer sich von Werbeslogans verführen lässt, greift meist zu Produkten, die den Namen „Lebensmittel" nicht mehr verdienen. Diese sind unter anderem für die weltweite Übergewichtsepidemie und den daraus folgenden Zivilisationskrankheiten verantwortlich. Ein Mensch, der zu viel wiegt, bewegt sich im Alltag weniger. Ein kaum aufzuhaltender Teufelskreis aus wenig Bewegung und steigendem Körpergewicht beginnt.

DER WEG IST DAS ZIEL

Diese Entwicklung kannst du nur durch Veränderung deines Ernährungs- und Lebensstils aufhalten. Zugegeben, schon seit Jahren gepflegte Gewohnheiten lassen sich nicht in ein paar Tagen ändern und es braucht eine gewisse Zeit, um sie abzulegen. Doch mit etwas Disziplin und Willenskraft kannst du auf Dauer Ernährungsgewohnheiten verändern, die dich krank, träge und antriebslos machen. Das Tolle daran ist, dass du die Anlage für Disziplin und Willenskraft bereits in dir trägst. Du musst nur die richtigen „Knöpfe drücken", um sie zu aktivieren.

Wenn du beschließt, alte Gewohnheiten durch neue zu ersetzen, wirst du ganz gewiss für deinen Ehrgeiz und deine Ausdauer belohnt. Vielleicht nicht heute oder morgen, aber bestimmt zu einem späteren Zeitpunkt. Betrachte jeden neuen Tag als eine Chance, richtige Entscheidungen bei der Nahrungsmittelauswahl und -zubereitung zu treffen. Es ist wie eine Art Gesundheitskonto, in das du immer wieder einen kleinen Betrag einzahlst. Dieser Weg beschert dir dann irgendwann das Maß an Gesundheit und Wohlbefinden, das du dir immer schon gewünscht hast.

Der Weg dahin ist so einfach! Vermeide verarbeitete, raffinierte und denaturierte Lebensmittel und ersetze diese durch frische, naturbelassene und natürlich erzeugte Produkte, wie sie die Philosophie von Clean Eating propagiert. Clean Eating ist nicht unbedingt vegan oder vegetarisch ausgerichtet. Dieses Ernährungskonzept ist aber die Basis für alle anderen Ernährungsformen, die uns im Alltag begegnen. Fange einfach heute mit den Veränderungen an, bleibe am Ball und finde deinen neuen Weg!

WAS IST CLEAN EATING?

Im weitesten Sinne bedeutet Clean Eating, dass Lebensmittel „sauber", das heißt so natürlich und unverarbeitet wie möglich, ausgewählt und verzehrt werden sollten.

Doch was ist mit natürlich und unverarbeitet gemeint? Natürliche und unverarbeitete Lebensmittel sind all diejenigen, die nicht durch einen industriellen Prozess gefertigt wurden und die es in ihrer ursprünglichen Form als Produkt zu kaufen gibt. Ganz banal könnte man auch sagen: Kaufe keine Produkte, für die Werbung gemacht wird, oder: Je kürzer die Zutatenliste ist, desto besser.

MÖGLICHST NATÜRLICH

Je mehr Verarbeitungsschritte ein Produkt hinter sich hat, desto geringer ist der Gehalt an Vitaminen und Mineralstoffen. Aber genau diese benötigt der Körper neben anderen täglich, um gesund und leistungsfähig zu sein, da sie sehr viele Funktionen im Körper unterstützen.

Ein Mangel an Nährstoffen geht meistens mit einer höheren Kalorienzufuhr einher. Das heißt, dein Körper gleicht durch einen größeren Appetit diesen Nährstoffmangel wieder aus und fordert ständig mehr Nahrung. Er signalisiert dir das durch Heißhungerattacken und Gelüste auf Süßes oder Fettiges. Gibst du den Signalen nach und befriedigst diese Gier, dann ist Übergewicht vorprogrammiert.

Das Verhältnis von Kalorien- zu Nährstoffgehalt ist ein wichtiger Punkt, wenn du einfach und spielerisch überschüssiges Körperfett loswerden oder dein Wohlfühlgewicht halten möchtest. Klar, in erster Linie ist die Kalorienbilanz für eine Gewichtszunahme oder -abnahme entscheidend.

Das Ernährungskonzept Clean Eating funktioniert ganz ohne Kalorien zu zählen. Denn wer will schon im Alltag ständig auf den Kaloriengehalt von Lebensmitteln achten. Auch wenn du nur bewusst genießen und dich rundum wohlfühlen möchtest, ist Clean Eating eine gute Wahl, denn das hat das Konzept ebenfalls zu bieten. Grundlage dieser Ernährungsform sind immer natürlich gewachsene Lebensmittel, egal, was du mit der Ernährung beabsichtigst und welche Ziele du damit verfolgst.

RUNDUM GUT VERSORGT

Essen nach dem Clean-Eating-Prinzip ist die gesündeste Art, sich ausgewogen und vollwertig zu ernähren. Wenn du deine Ernährungsweise danach ausrichtest, bekommst du alle essenziellen Nährstoffe, die dein Körper braucht, um zuverlässig zu funktionieren.

Ein weiterer wichtiger Grundpfeiler von Clean Eating ist das Gleichgewicht der Fettsäuren untereinander. Deshalb solltest du sowohl Lebensmittel mit gesättigten als auch mit ungesättigten Fettsäuren verzehren.

Neben den gesunden Fettsäuren gehört zur Clean-Eating-Philosophie außerdem die Versorgung mit ausreichend Proteinen aus pflanzlichen und tierischen Lebensmitteln als Baustoff für deine Muskulatur dazu. Denn sie sind der Motor deines Stoffwechsels. Schließlich benötigt der Körper noch komplexe Kohlenhydrate aus Vollkorngetreide, Salat und Gemüse. Und weil alle Vorgänge im Körper Wasser erfordern, ist regelmäßiges Trinken über den Tag verteilt so wichtig — am besten Wasser oder Kräutertee.

WAS NOCH WICHTIG IST

Dass wir natürliche Nahrungsmittel ohne chemische Zusatzstoffe haben möchten, ist selbstverständlich und sollte für jeden normal sein. Wenn du dir natürliche, saisonale Zutaten für dein Essen auf dem Bauernmarkt, im Bio- oder Hofladen besorgst, ist das ein Schritt in die richtige Richtung. Clean Eater kaufen Frisches ein und kochen selbst.

Das Konzept sieht 4—5 Mahlzeiten über den Tag verteilt vor. Vielleicht klingt das zunächst einmal ungewohnt und nach einem riesigen Zeitaufwand. Doch das ist in der Realität keineswegs so und lässt sich mit etwas Geschick und guter Organisation leicht bewältigen. Außerdem muss es sich bei den Mahlzeiten nicht zwangsläufig um aufwendig gekochte Speisen handeln. Es kann auch mal nur eine Handvoll Nüsse oder rohes Gemüse sein.

Im Idealfall sollten es 2—3 größere Mahlzeiten und 2 kleine Snacks für zwischendurch sein. Das Frühstück als Start in den Tag und eine zweite größere Mahlzeit, entweder mittags oder abends, sind je nach Tagesablauf wesentliche Säulen der Clean-Eating-Philosophie. Allerdings nimmt die Zubereitung der Mahlzeiten etwas Zeit in Anspruch. Snacks kommen ohne großen Zeitaufwand aus und können wie die vorbereiteten Hauptmahlzeiten in einer geeigneten Verpackung überallhin mitgenommen werden.

Um den Körper schon morgens mit Nährstoffen zu versorgen, ist ein natürliches und ballaststoffreiches Frühstück die Grundlage für jeden Tag. Haferflocken mit etwas Beerenobst zum Beispiel liefern lebenswichtige Nährstoffe und lassen sich vielseitig zubereiten. Das typische Frühstücksbrötchen mit Marmelade oder Wurst dagegen enthält viele Kalorien mit einem niedrigen Nährstoffgehalt und einem minimalen gesundheitlichen Nutzen.

Der Hintergrund regelmäßiger Mahlzeiten ist, dass die damit zugeführten Nährstoffe deinen Stoffwechsel ankurbeln und den Blutzuckerspiegel auf einem konstanten Niveau halten. Somit haben Heißhungerattacken keine Chance und du fühlst dich den ganzen Tag über satt.

CLEAN EATING IM ALLTAG

Wie man die Clean-Eating-Philosophie ein Leben lang im Alltag umsetzt, ist individuell verschieden und hängt von der Lebenssituation ab. Da das Konzept im Prinzip ganz einfach ist, kann es jeder, der seine Ernährung umstellen möchte, an seine Bedürfnisse anpassen. Am besten du startest mit den Rezepten in diesem Buch. Sicherlich ist für jeden Geschmack etwas dabei. Und je mehr du ausprobierst, desto mehr Routine bekommst du und kannst die ohnehin kurzen Zubereitungszeiten noch weiter verkürzen.

Ich empfehle dir zum Einstieg erst einmal 5—6 Rezepte auszusuchen, die dir zusagen und nach dem Ausprobieren so gut schmecken, dass du sie immer wieder essen kannst, ohne dass sie dir auf Dauer zu eintönig werden. Später kannst du bewährte Rezepte gegen andere austauschen oder die Palette der Gerichte beliebig erweitern. Wenn du erst einmal Erfahrungen mit Clean Eating gesammelt hast, kannst du auch eigene Lieblingsgerichte mit cleanen Zutaten kreieren. Denn Clean Eater beschäftigen sich mehr mit der eigenen Ernährung und nehmen das höchste Gut, nämlich ihre Gesundheit, selbst in die Hand.

DER ERSTE SCHRITT – CLEAN EINKAUFEN

Schon beim Einkauf kannst du Fehler vermeiden, indem du die richtigen Lebensmittel auswählst. Zu Beginn der Umstellung auf Clean Eating kann das Einkaufen länger als sonst dauern und eventuell etwas aufwendig sein. Schließlich musst du dich neu orientieren und bisher Bewährtes kritisch unter die Lupe nehmen. Etwas mehr Zeit solltest du deshalb für das Einkaufen einplanen und zumindest am Anfang die Etiketten und Zutatenlisten auf den Packungen genau lesen, bis du weißt, welche Zusatzstoffe in den Produkten enthalten sind. Irgendwann kennst du dich aus und weißt, welche Lebensmittel regelmäßig in deinem Einkaufswagen landen sollten und von welchen du in Zukunft besser die Finger lässt.

Um gar nicht erst in Versuchung zu kommen, mach einen großen Bogen um die Süßwaren- und Chipsabteilung, ebenso um raffinierten Zucker, Weißmehl und Produkte daraus, Fast Food und Fertiggerichte. Beginne die Einkaufstour zuerst in der Obst- und Gemüseabteilung und fülle dort deinen Einkaufswagen.

Tiefkühlprodukte sind vollkommen okay, solange es sich um das reine Ursprungsprodukt ohne Zusätze handelt. Falls du einmal wenig Zeit zum Kochen hast, ist ein kleiner Vorrat an Tiefkühlgemüse sehr praktisch. Bei Bedarf lässt es sich ohne Auftauen schnell zubereiten. Der Zeitaufwand dafür ist minimal, und jeder hat abends diese paar Minuten übrig, um etwas Gesundes zum Abendessen oder für den nächsten Tag zuzubereiten.

Wenn du lieber Lebensmittel in Dosen oder Gläsern kaufst, wähle solche, die außer der Hauptzutat keine Konservierungsstoffe, Farbstoffe, Geschmacksverstärker, Säuerungsmittel oder Aromastoffe enthalten. In vielen industriell hergestellten Produkten steckt auch noch Zucker. Der ist oft als Dextrose, Glukosesirup oder Maltodextrin getarnt. Achte beim nächsten Einkauf mal darauf! Wenn du dich hin und wieder für Dosen oder Gläser entscheidest, dann nimm möglichst Produkte in Bioqualität.

Auf der nächsten Seite findest du eine Vorratsliste mit einer kleinen Auswahl an cleanen Lebensmitteln, die du immer im Haus haben solltest.

VORRATSLISTE

ÖLE & FETTE
Avocadoöl
Kokosöl, nativ
Leinöl, nativ
Olivenöl, nativ extra
Rapsöl
Walnussöl

NÜSSE & KERNE
Haselnusskerne
Kürbiskerne
Mandeln
Pinienkerne
Sonnenblumenkerne
Walnusskerne

KOHLENHYDRATQUELLEN
Amarant
Buchweizen
Dinkelgrieß
Grünkern
Haferflocken
Naturreis
Quinoa

HÜLSENFRÜCHTE
Bohnen
Erbsen
Kichererbsen
Linsen

GEWÜRZE & KRÄUTER
Chiliflocken
Ingwer
Kümmel
Kurkumapulver
Meersalz
Zimt, gemahlen
Basilikum
Petersilie
Pfefferminze
Schnittlauch

SUPERFOOD
Chia-Samen
Cranberrys
Goji-Beeren
Hanfsamen, geschrotet
Kakao-Nibs
Leinsamen, geschrotet
Matcha-Tee

DIVERSES
Bio-Mandelmus
Bio-Erdnussmus
Rosinen, ungeschwefelt
Apfelessig
Weißweinessig

FRÜHSTÜCK ODER SNACK

Clean Eater frühstücken täglich. Nimm dir für das Frühstück genug Zeit und stehe gegebenenfalls etwas früher auf. Das wird dir nach einiger Zeit leicht fallen, denn wer sich nach der Clean-Eating-Philosophie ernährt, ist morgens fit und beginnt den Tag voller Elan. Solltest du morgens mal keine Zeit zum Frühstücken haben, nimm dir einen Snack für unterwegs mit — eine Handvoll Nüsse oder eine Portion Obst geht immer. Oder bereite dir einen Smoothie zu. Wer behauptet, er könne morgens nichts essen, erliegt seinen alten Gewohnheiten. Diese „schlechte" Angewohnheit kannst du mit etwas Disziplin verändern.

Als schneller Snack sind auch geeignet: eine Handvoll Mandeln mit Blaubeeren, Quark mit Leinsamen verrührt, griechischer Joghurt mit deinen Lieblingsbeeren und geschroteten Leinsamen oder zwei hart gekochte Eier mit einer Handvoll Mandeln. Ein Stück Obst mit Mandelmus wäre eine weitere Möglichkeit, den Körper schon morgens mit wertvollen Nährstoffen zu versorgen.

ABENDS SCHON AN MORGEN DENKEN

Im Rezeptteil findest du jede Menge Gerichte, die du gut vorbereiten und sicher verpackt für unterwegs mitnehmen kannst. Koche am besten abends für den nächsten Tag vor. Schlaue Clean Eater bereiten gleich die doppelte Menge zu, essen eine Portion sofort und frieren den Rest für die nächsten Tage ein.

Und wenn du mal nicht die Muße zum Kochen hast, ist das auch nicht so schlimm. Dann bereite dir einfach frisches Gemüse in mundgerechten Stücken vor, zum Beispiel Tomaten, Paprikaschoten, Gurken, Möhren oder was dir sonst noch gut schmeckt. Mit einem selbst gerührten Dip aus Magerquark und frisch gehackten Kräutern schmeckt das rohe Gemüse einfach wunderbar und ist ideal für unterwegs.

FÜR UNTERWEGS

Wer sein Essen mit ins Büro, in die Schule oder in die Uni nimmt oder einfach ein Picknick im Grünen machen möchte, braucht für das selbst gekochte Essen einen geeigneten Behälter oder eine sichere Verpackung. Im Sommer solltest du außerdem die vorbereiteten Speisen bis zum Genuss gekühlt aufbewahren. Dafür bieten sich der Kühlschrank in der Büroküche oder Kühlgeräte an, die du an einen Zigarettenanzünder anschließen kannst. Aber auch eine Kühlbox leistet bei längeren Ausflügen gute Dienste.

Als Behälter und zum Verpacken gibt es verschiedene Möglichkeiten, je nachdem, was du für unterwegs oder zwischendurch mitnehmen möchtest. Die Palette reicht von Frischhalte- und Alufolie über Butterbrot- oder Backpapier bis hin zu Gefrierbeuteln und Butterbrotdosen, Thermosbechern oder Thermoskannen.

Wenn du Dosen aus Kunststoff zu Hause hast, achte unbedingt darauf, dass diese frei von chemischen Weichmachern sind. Lebensmittelechte Behälter sind mit diesem Symbol gekennzeichnet:

Wenn du neue Behälter kaufst und ganz sicher sein möchtest, entscheide dich für Behältnisse aus Glas oder anderen Materialien. Du kannst sie im Internet, Haushaltswarengeschäft oder in einer gut sortierten Haushaltswarenecke im Kaufhaus kaufen. Auf diesen Seiten zeige ich dir, welche das sein können und wofür sie geeignet sind.

GLASBEHÄLTER

Für selbst gemixte Smoothies und frisch gepresste Säfte gibt es tolle Glasflaschen mit Schraubverschluss, die sogar eine zusätzliche Schutzisolierung haben. Diese schützt vor Glasbruch und isoliert kalten oder warmen Inhalt. Glas bietet gegenüber Kunststoff viele Vorteile und es gibt mehrere Argumente, die für Glas sprechen:

1. Es finden keine chemischen Reaktionen statt und dadurch können keine Stoffe in das Essen übergehen.

2. Glas ist geschmacks- und geruchsneutral und verändert somit nicht den Geschmack des Essens.

3. Glas ist hygienischer und leichter zu reinigen. Kunststoffgefäße können schon nach kurzer Zeit Farben oder Gerüche der gelagerten Lebensmittel annehmen.

4. Die Kühlung ist durch die Wärmeleitfähigkeit deutlich effizienter als bei Kunststoffbehältern. Somit bleiben die Speisen länger frisch.

5. Glas ist lebenslang haltbar und hinterlässt keinen Müll.

6. Glas ist spülmaschinenfest und mikrowellengeeignet.

Ein Nachteil könnte allerdings sein, dass Glas schwerer als alle anderen Materialien ist. Für das Problem, dass sich Glasbehälter für Speisen nur schlecht verschließen lassen, gibt es die Lösung mit Kunststoffdeckel. Es gibt dabei keinen Kontakt mit der Speise und zum Erhitzen kann der Deckel entfernt werden. Für mich ist das die optimale Lösung.

Kaltes wie Dips und Salatsoßen oder auch Suppen und kleine Snacks für zwischendurch kannst du zum Beispiel in einem einfachen Einmachglas oder sauberen Schraubglas transportieren. Sogenannte „Mason Jars", die stylischen Einmachgläser aus den USA, werden mit einem Metalldeckel verschlossen, der innen eine Kunststoffbeschichtung hat. Auch hier findet in der Regel kein Kontakt mit dem Essen statt und das Glas wird luftdicht verschlossen.

BENTOBOXEN

Seit geraumer Zeit trifft man Bentoboxen auch in Deutsch-
land immer häufiger an. Die Idee, einen Essensbehälter in
kleine Fächer zu unterteilen, stammt ursprünglich aus Japan
und hat dort eine lange Tradition. Eine tolle Übersichtlich-
keit und das leichte Portionieren der Speisen machen die
Bentobox zum idealen Alltagsbegleiter für Clean Eater. Du
kannst mehrere kleine Mahlzeiten in der Box unterbringen
und überallhin mitnehmen. Auch Bentoboxen gibt es in
verschiedenen Materialien, Farben und Größen sowie mit
und ohne Besteck.

EDELSTAHL

Einer meiner Favoriten ist die stylische Bentobox aus Edelstahl, die es in allen möglichen Größen gibt. Die Vorteile
sind wie bei Glas der Hygieneaspekt, die Geruchsneutralität
sowie eine chemische Inaktivität.

Edelstahl kommt schon seit Langem in großen Lebensmit-
telbetrieben zur Anwendung und erobert erfreulicherweise
nun auch den Markt für den Hausgebrauch. Der Vorteil gegenüber Glas ist das leichtere Gewicht. Nachteil ist eine
eventuelle Undichtigkeit. Denn eine Edelstahlbox ohne
Gummidichtung ist nicht zu 100 Prozent dicht, deshalb

solltest du darin keine flüssigen Speisen transportieren.
Wichtig ist auch noch zu erwähnen, dass Edelstahlbehälter
auf keinen Fall in die Mikrowelle gestellt werden dürfen.

HOLZ

Auch aus Holz gibt es Behälter, die für den Transport von
Speisen geeignet sind. Holz isoliert gut und ist federleicht.
Oft handelt es sich dabei um Zedernholz, dessen Oberfläche
mit einem natürlichen und lebensmittelechten Lack be-
handelt wurde. Ich habe auch schon Boxen aus Eschenholz
gesehen, die aus einem Stück gedrechselt wurden. Diese
wurden ökologisch geölt und halten sogar Feuchtigkeit
stand. Holzdosen sind in der Regel ungeeignet für die Spülmaschine und Mikrowellengeräte.

DIE QUAL DER WAHL

Welche Box für welchen Zweck infrage kommt, ist immer
von den Speisen abhängig, die darin transportiert werden
sollen. Zu beachten ist auch, ob du direkt aus der Box löffeln
oder von einem Teller essen möchtest. Weitere hilfreiche
Überlegungen sind, ob du den Behälter in der Spülmaschine
reinigen und zum Aufwärmen der Mahlzeit die Box in eine
Mikrowelle stellen möchtest. Wenn du dir darüber Klarheit
verschaffst, triffst du sicher die richtige Wahl.

MORNING GLORY

DIE MUNTERMACHER – DAILY SMOOTHIES

ZUTATEN:

Roter Smoothie:

100 g Rote Bete
250 g Himbeeren, tiefgekühlt
1 Banane
1 Apfel
1 TL geriebener Ingwer
½ Granatapfel
2 TL Chia-Samen
300 ml Kokoswasser
1 Zitrone

Gelber Smoothie:

1 Mango
1 Apfel
1 Banane
1 Orange
1 Zitrone
1 TL Kurkuma
1 TL Hanfsamen
300 ml Kokoswasser

Grüner Smoothie:

1 Avocado
1 Handvoll Spinat
1 Banane
1 Limette
1 Birne
1 TL Chia-Samen
8 Blätter Minze
500 ml Mandelmilch
2 EL Joghurt

SO WIRD'S GEMACHT:

Für die Smoothies das Gemüse und Obst küchenfertig vorbereiten, klein schneiden und in einem Hochleistungs- mixer alle Zutaten miteinander fein pürieren.

2 PERSONEN

Tipps

Die Flüssigkeit — egal, ob Kokoswasser oder Mandelmilch — kann ganz nach Geschmack variieren. Je nach Süße der Früchte kannst du auch mit Honig oder Agavendicksaft nachhelfen.

ACAI-SMOOTHIE-BOWL MIT KOKOS UND ZIMT

ZUTATEN:

Für den Acai-Smoothie:

2 Bananen

1 EL Chia-Samen

200 g Acai-Fruchtpüree

160 g Beerenmix, tiefgekühlt

300 ml Kokosmilch

½ Limette

½ TL Zimtpulver

1 EL Honig

Für das Topping:

Quinoa-Pops

Kokos-Flakes

Kürbiskerne

Chia-Samen

Kakao-Nibs

Beerenmix

2 PERSONEN

SO WIRD'S GEMACHT:

1. Die in Stücke geschnittenen Bananen sowie die Chia-Samen in einen Barmixer (Blender) geben. Zusammen mit dem Acai-Fruchtpüree, dem Beerenmix und der Kokosmilch fein pürieren.

2. Zum Schluss nur noch mit etwas Limettensaft, dem Zimtpulver und etwas Honig abschmecken.

3. Den Acai-Smoothie in eine Schale füllen und vor dem Verzehr mit reichlich Topping nach Belieben bestreuen.

Tipp

Anstatt Kokosmilch kannst du auch gerne eine pflanzliche Milch deiner Wahl nehmen.

BIRCHER-PORRIDGE MIT NÜSSEN UND SAMEN

ZUTATEN:

Für das Bircher-Porridge:
100 g kernige Haferflocken

1 EL Leinsamen, geschrotet

1 EL Hanfsamen, geschrotet

30 g Kürbiskerne

40 g Haselnusskerne

je 1 Apfel und Birne

1 Bio-Limette

1 TL Zimtpulver

½ TL Kardamom

1 Prise Muskatnuss

1 Prise Salz

1—2 EL Honig, nach Belieben

300 ml Mandelmilch, ungesüßt

Für das Topping:
Obst und Beeren

Kürbiskerne

Haselnusskerne

Kakao-Nibs

2 PERSONEN

SO WIRD'S GEMACHT:

1. Die kernigen Haferflocken am Vortag mit den Leinsamen, den Hanfsamen und den Kürbiskernen vermischen. Die Haselnüsse grob hacken und dazugeben.

2. Den Apfel und die Birne grob raspeln und mit dem Abrieb und dem Saft einer Limette marinieren. Die Raspeln zu den Haferflocken geben, mit den Gewürzen verfeinern und mit etwas Honig abschmecken. Zum Schluss mit der Mandelmilch aufgießen und über Nacht im Kühlschrank ziehen lassen.

3. Nach Belieben „on top" mit frischem Obst und Beeren, Kürbiskernen, Haselnüssen und Kakao-Nibs verfeinern.

Tipps

Ein Klecks Joghurt „on top" macht das Porridge noch cremiger. Wer mag, kann noch eine Handvoll Cranberrys oder Goji-Beeren dazugeben.

GRANOLA MIT OBSTSALAT UND MANDELCREME

ZUTATEN:

Für das Granola:

80 g kernige Haferflocken

je 40 g Quinoa und Mandelstifte

20 g Sonnenblumenkerne

20 g Kürbiskerne

2 EL Kokosöl oder Kakaobutter

60 g Honig

1 TL Zimtpulver

Muskatnuss und Salz

Für die Mandelcreme:

100 g Mandeln

60 g Cashewkerne

200 ml Mandelmilch

1 EL Honig

½ Vanilleschote

Für den Obstsalat:

Obst und Beeren nach Saison

Granatapfelkerne

1 Bio-Limette

2 PERSONEN

SO WIRD'S GEMACHT:

1. Für das Granola den Backofen auf 160 °C Umluft vorheizen.

2. Die kernigen Haferflocken, Quinoa, Mandelstifte, Sonnenblumen-kerne und Kürbiskerne miteinander mischen.

3. Dann das Kokosöl schmelzen und zusammen mit dem Honig, Zimt-pulver und je 1 Prise Muskatnuss und Salz verrühren. Diese Marinade gut mit der Haferflockenmischung vermengen. Das Granola flach auf einem mit Backpapier ausgelegten Blech verteilen und etwa 30 Mi-nuten goldgelb backen; dabei alle 10 Minuten wenden. Anschließend das Granola auf dem Blech auskühlen lassen und grob zerbröseln.

4. Die Mandeln und Cashewkerne mit Wasser bedecken und mindestens 4 Stunden einweichen lassen. Anschließend das Wasser abgießen und die Nüsse zusammen mit der Mandelmilch, dem Honig und dem Mark der Vanilleschote zu einer glatten Creme pürieren.

5. Für den Obstsalat beliebiges Obst in mundgerechte Stücke schneiden und mit dem Abrieb sowie dem Saft der Limette marinieren.

6. Den Obstsalat mit der Mandelcreme und dem Granola schichten, pur genießen oder mit etwas Mandelmilch aufgießen.

Tipps

Anstatt Honig könnt ihr auch Ahornsirup verwenden und je nach Geschmack
mehr oder weniger süßen. Hier lohnt es
sich, gleich mehr Granola zu machen.
Luftdicht verpackt ist es mehrere
Wochen lang haltbar.

POWER-MUFFINS MIT MANDELN UND ZIMT

ZUTATEN:

150 g Dinkel-Vollkornmehl

100 g Mandelgrieß

120 g Kokosblütenzucker oder Rohrohrzucker

2 TL Reinweinstein-Backpulver

1 TL Zimtpulver

3 Eier

60 g Apfelmus

80 g Kokosöl

1 Bio-Orange

1 Möhre

1 Apfel

1 EL Cranberrys

1 EL Sonnenblumenkerne

1 EL Kürbiskerne

1 EL Mandelstifte

CA. 10 MUFFINS

SO WIRD'S GEMACHT:

1. Zuerst das Vollkornmehl mit Mandelgrieß, Kokosblütenzucker, Backpulver und Zimt vermischen.

2. Die Eier verquirlen, Apfelmus und geschmolzenes Kokosöl dazugeben und dann den Abrieb und Saft der Orange unterrühren. Anschließend alles gut mit dem Mehl verrühren, ohne dass Klümpchen entstehen.

3. Die Möhre schälen und ebenso wie den Apfel grob reiben. Zusammen mit Cranberrys, Sonnenblumenkernen, Kürbiskernen und den Mandelstiften vermengen und unter den Teig heben.

4. Den Teig in gefettete oder mit Papier ausgelegte Muffin-Förmchen füllen und bei 180 °C etwa 15—20 Minuten goldgelb backen. Dann 5 Minuten abkühlen lassen. Ein ideales Frühstück für unterwegs!

Tipp

Die Power-Muffins bleiben bei Raumtemperatur und luftdicht verschlossen mehrere Tage frisch.

PAUSE IM GLAS

FRUCHTIGE KÜRBISSUPPE MIT CURRY UND KOKOS

ZUTATEN:

250 g Kürbis, z.B. Hokkaido
1 Speisezwiebel
1 Knoblauchzehe
1 EL Kokosöl
1 EL rote Currypaste, je nach Geschmack mehr oder weniger
200 ml Gemüsebrühe
200 ml Kokosmilch
1 Sternanis
½ Zimtstange
1 Lorbeerblatt
1 Bio-Orange
Salz, Pfeffer

Zum Servieren:
natives Kürbiskernöl
Chia-Samen
gepuffter Amarant
etwas Kerbel

2 PERSONEN

SO WIRD'S GEMACHT:

1. Den Kürbis halbieren, entkernen und grob würfeln. Die Zwiebel und den Knoblauch schälen und fein würfeln. Zusammen in dem Kokosöl glasig dünsten. Dann die Currypaste zugeben und mit anrösten.

2. Mit der Gemüsebrühe und der Kokosmilch ablöschen, die Gewürze dazugeben und in 20 Minuten weich kochen. Anschließend die Gewürze wieder herausnehmen und die Suppe fein pürieren. Mit dem Abrieb und dem Saft der Orange verfeinern und mit etwas Salz und Pfeffer abschmecken.

3. Zum Servieren mit etwas Kürbiskernöl beträufeln, mit Chia-Samen, gepufftem Amarant und gezupftem Kerbel bestreuen.

Tipps

Der Hokkaido ist der einzige Kürbis, den man nicht schälen muss. Wer keine Orange mag, kann diese auch durch einen Schuss naturtrüben Apfelsaft ersetzen.

FRISCHE SOMMERSUPPE MIT KEFIR UND DILL

ZUTATEN:

2 Eier
300 g Kartoffeln, festkochend
200 g Salatgurke
200 g Radieschen, ohne Grün
4 Stangen Frühlingslauch
1 Handvoll frischer Dill
2 EL Olivenöl
1 Limette
1 TL grober Bio-Senf
Salz, Pfeffer

Zum Servieren:
350 ml Kefir
150 ml Mineralwasser

2 PERSONEN

SO WIRD'S GEMACHT:

1. Zuerst die Eier in 9 Minuten hart und die Kartoffeln in Salzwasser etwa 20 Minuten gar kochen. Anschließend abkühlen lassen und in Scheiben schneiden.

2. In der Zwischenzeit die Gurke und die Radieschen sowie den Frühlingslauch in feine Scheiben schneiden.

3. Den Dill fein hacken und mit dem Olivenöl, dem Saft der Limette und dem Senf verrühren. Ordentlich mit Salz und Pfeffer würzen.

4. Alles vermengen und in Gläser füllen.

5. Den Kefir mit sprudelndem Mineralwasser verrühren und vor dem Servieren das Gemüse damit aufgießen.

Tipp

Das Gemüse lässt sich als Einlage nach Belieben ergänzen oder austauschen. Einfach ein paar Kombinationen ausprobieren!

AVOCADO-FENCHEL-SALAT MIT GRAPEFRUIT

ZUTATEN:

Für den Salat:

1 Avocado
½ Salatgurke
200 g Kirschtomaten
2 kleine Fenchelknollen
½ rote Zwiebel
1 Handvoll Rucola
1 Handvoll Koriandergrün
oder Petersilie

Für das Dressing:

1 Pink Grapefruit
6 EL Olivenöl
2 TL Honig
1 Bio-Limette
1 Handvoll Minze

2 PERSONEN

SO WIRD'S GEMACHT:

1. Die Avocado halbieren, entkernen und aus der Schale lösen. Das Fruchtfleisch zusammen mit der Gurke in kleine Würfel schneiden. Die Kirschtomaten halbieren.

2. Den Fenchel sowie die rote Zwiebel in feine Scheiben hobeln. Alles mit dem Rucola und fein gezupftem Koriandergrün oder Petersilie vermischen.

3. Für das Dressing die Pink Grapefruit mit dem Messer schälen und filetieren, dabei den Saft auffangen. Die Filets klein schneiden und zum Salat geben. Den Grapefruitsaft mit dem Olivenöl, dem Honig sowie etwas Abrieb und Saft der Limette gut verrühren. Fein gehackte Minze zugeben und mit Salz und Pfeffer abschmecken.

4. Den Salat frisch mit dem Dressing marinieren und genießen.

Tipps

Noch fruchtiger wird der Salat
mit einem fein gehobelten
Apfel. Wer mag, kann die Pink
Grapefruit durch eine
Orange ersetzen.

QUINOA-SALAT MIT OLIVEN UND FETA

ZUTATEN:

Für den Quinoa-Salat:

100 g Quinoa
2 Tomaten
1 rote Paprika
1 rote Zwiebel
½ Salatgurke
1 Handvoll Oliven, in Scheiben
100 g Fetakäse
1 Handvoll Petersilie

Für das Dressing:

6 EL Olivenöl
1 Bio-Zitrone
1 TL Honig
1 Knoblauchzehe
Salz, Pfeffer

2 PERSONEN

SO WIRD'S GEMACHT:

1. Den Quinoa kalt abspülen und in 200 ml Wasser zugedeckt etwa 15 Minuten bei kleiner Hitze gar kochen. Anschließend abkühlen lassen.

2. In der Zwischenzeit die Tomaten vierteln und entkernen. Die Paprika halbieren und ebenfalls entkernen. Die Zwiebel schälen und alles zusammen – ebenso wie die Salatgurke — in feine Würfel schneiden. Zum Schluss das Gemüse mit dem Quinoa und den Oliven vermischen. Den Feta zerbröseln und zusammen mit fein gehackter Petersilie mit dem Salat vermischen.

3. Für das Dressing das Olivenöl mit dem Abrieb und Saft der Zitrone sowie dem Honig verrühren. Die Knoblauchzehe schälen und sehr fein hacken, zum Dressing geben und mit Salz und Pfeffer abschmecken.

4. Den Salat mit dem Dressing marinieren und genießen.

Tipps

Wer mag, kann noch ein paar
eingelegte Peperoni unterheben.
Je nach Saison lässt sich der Salat
auch gut mit Spargel oder
Kürbis ergänzen.

CAPRESE-BROTSALAT
MIT PESTO UND RUCOLA

ZUTATEN:

Für den Caprese-Brotsalat:

3—4 Scheiben Vollkornbrot, z. B.
Nuss-Dinkelbrot von S. 96 (siehe
auch Tipp S. 39)
2 EL Olivenöl
125 g Mini-Mozzarella
250 g Kirschtomaten
1 Handvoll Rucola

Für das Basilikumpesto:

30 g Basilikum
1 EL Pinienkerne, geröstet
1 Knoblauchzehe
80—100 ml Olivenöl
½ Bio-Zitrone
20 g Parmesan
Salz, Pfeffer

2 PERSONEN

SO WIRD'S GEMACHT:

1. Zu Beginn das Vollkornbrot in kleine Würfel schneiden, auf ein Blech geben und mit dem Olivenöl beträufeln. Im Ofen bei 180 °C Umluft (200 °C Ober-/Unterhitze) 5—10 Minuten schön knusprig backen, anschließend abkühlen lassen.

2. In der Zwischenzeit das Basilikum zusammen mit den Pinienkernen, geschälte Knoblauchzehe, dem Olivenöl und dem Saft der Zitrone fein pürieren. Zum Schluss mit fein geriebenem Parmesan verfeinern und mit Salz und Pfeffer abschmecken.

3. Für den Salat den Mini-Mozzarella abtropfen lassen und zusammen mit dem Pesto unten in ein Glas geben. Darauf die geviertelten Kirschtomaten geben, dann den Rucola und mit den gerösteten Brotwürfeln abschließen.

4. Vor dem Essen das Glas kräftig schütteln oder gut umrühren.

Tipp

Fragt beim Bäcker eures Vertrauens
nach der Zutatenliste des Brots. Es sollte
immer aus Vollkornmehl bestehen und frei
von Raffinadezucker und Zusatzstoffen sein.
Einige Bäckereien und Supermärkte führen
Brot mit Rohrohrzucker oder Honig in
ihrem Sortiment.

SOBA-SALAT MIT SPARGEL UND AUSTERNPILZEN

ZUTATEN:

Für den Soba-Salat:

100 g Soba-Nudeln
je 1 rote Zwiebel und Knoblauchzehe
150 g grüner Spargel
120 g Austernpilze
je 1 Möhre und Pfefferschote
2 Stangen Frühlingslauch
2 EL Kokosöl
1 EL Sesamsamen
Thai-Basilikum und Koriandergrün
Salz, Pfeffer

Für das Dressing:

½ Chilischote
1 TL Ingwerabrieb
3 EL Tamari-Sojasoße
1 Bio-Limette
6 EL Sesamöl
1 TL Ahornsirup
1 EL Fischsoße, optional

2 PERSONEN

SO WIRD'S GEMACHT:

1. Zu Beginn die Soba-Nudeln 4–5 Minuten in reichlich Salzwasser kochen, abgießen und kalt abschrecken.

2. Zwiebel und Knoblauch schälen und in feine Streifen schneiden. Beim Spargel holzige Enden abschneiden und zusammen mit den Austernpilzen in mundgerechte Stücke schneiden. Die Möhre schälen und in feine Streifen schneiden. Die Pfefferschote und den Frühlingslauch in feine Scheiben schneiden.

3. Die Austernpilze in dem Kokosöl scharf anbraten. Zwiebel, Knoblauch und Pfefferschote zugeben. Dann den Spargel sowie die Möhre unterrühren und bei kleiner Hitze 5 Minuten braten. Danach das Gemüse vom Herd nehmen, Mit Salz und Pfeffer abschmecken und etwas abkühlen lassen.

4. Das Dressing zubereiten. Dazu die Chilischote klein hacken und mit den restlichen Zutaten gut verrühren.

5. Zum Schluss die Soba-Nudeln mit dem Gemüse vermischen, mit dem Dressing marinieren und mit etwas Sesam sowie frisch gezupften Kräutern verfeinern.

Tipp

Bei den Soba-Nudeln darauf
achten, dass diese zu 100 %
aus Buchweizen sind.

MISO-SUPPE MIT GEMÜSE UND SESAM

ZUTATEN:

Für die Miso-Suppe:

2 EL rote Misopaste (Hatcho Miso)
1 Bio-Limette
2 EL Tamari-Sojasoße
2 TL Sesamöl, ½ Chilischote
2 TL Ingwerabrieb
½ TL Salz

Für die Einlage:

je ½ rote Zwiebel und rote Paprika
1 Stange Staudensellerie
¼ Chinakohl, 1 kleine Möhre
50 g Zuckerschoten
50 g Shiitake-Pilze
2 Stangen Frühlingslauch
30 g Vollkorn-Reisnudeln

Sonstiges:

je 1 EL Sesamsamen und Cashewkerne
1 Handvoll Thai-Basilikum

2 PERSONEN

SO WIRD'S GEMACHT:

1. Zu Beginn die rote Misopaste mit dem Saft der Limette, der Sojasoße, Sesamöl, feingehacktem Chili, dem Ingwerabrieb und dem Salz verrühren. Die Creme in ein hitzestabiles Glas geben.

2. Für die Einlage die Zwiebel in feine Streifen schneiden. Das Gemüse putzen, waschen, entkernen und alles in sehr feine Streifen schneiden. Die Pilze und den Frühlingslauch in dünne Scheiben schneiden. Alles zusammen mit den Vollkorn-Reisnudeln im Glas schichten.

3. Zum Schluss mit etwas Sesam, Cashewkernen und frischem Thai-Basilikum bestreuen.

4. Zum Zubereiten mit 300—400 ml kochendem Wasser übergießen und 5—8 Minuten ziehen lassen, zwischendurch umrühren.

Tipp

Die Suppeneinlage kann nach
Belieben variiert werden, nur
solltest du auf kurze
Zubereitungszeiten achten.

GEMÜSESALAT MIT SENFDRESSING UND EI

ZUTATEN:

Für den Gemüsesalat:

300 g kleine Kartoffeln
1 TL Kümmel
200 g Möhren
100 g Brokkoli
100 g Staudensellerie
1 rote Zwiebel
3 Stangen Frühlingslauch
1 Handvoll Petersilie

Für das Senfdressing:

5 EL Olivenöl
2 EL Apfelessig
½ Bio-Orange
2 TL Bio-Senf
1 TL Honig

Sonstiges:

2 Eier
Salz, Pfeffer

2 PERSONEN 🍴

SO WIRD'S GEMACHT:

1. Zu Beginn die Kartoffeln in reichlich Salzwasser mit dem Kümmel etwa 20 Minuten gar kochen. Abgießen, gut abkühlen lassen und je nach Größe halbieren oder vierteln.

2. In der Zwischenzeit das Gemüse waschen, die Möhre und die Zwiebel schälen und alles in mundgerechte Stücke schneiden. In einem Topf Salzwasser aufsetzen und das Gemüse nach und nach bissfest blanchieren.

3. Anschließend das Gemüse mit fein geschnittenem Frühlingslauch, gehackter Petersilie und den Kartoffeln vermischen.

4. Für das Dressing das Olivenöl mit dem Apfelessig, etwas Abrieb und Saft der Orange, Senf und Honig verrühren und kräftig mit Salz und Pfeffer abschmecken.

5. Den Gemüsesalat mit dem Senfdressing marinieren und etwa 15 Minuten ziehen lassen.

6. Zum Schluss die Eier in köchelndem Wasser 5—6 Minuten wachsweich garen, herausnehmen und abkühlen lassen. Anschließend pellen und mit dem Gemüsesalat servieren.

Tipp

Das Gemüse kann natürlich je nach Saison und Geschmack variiert werden.

GAZPACHO MIT CHILI UND GOJI-BEEREN

ZUTATEN:

Für die Gazpacho:

200 g rote Paprika
1 Speisezwiebel
1 Knoblauchzehe
450 g reife Strauchtomaten
250 g Salatgurke
½–1 Chilischote
½ TL Paprikapulver, edelsüß
2 EL Olivenöl
1 EL Rotweinessig
1 Bio-Limette

Sonstiges:

1 Stange Staudensellerie
⅓ Salatgurke
2 EL Goji-Beeren
1 Handvoll Basilikum und
Koriandergrün
Salz, Pfeffer

2 PERSONEN

SO WIRD'S GEMACHT:

1. Für die Gazpacho die rote Paprika halbieren und entkernen. Die Zwiebel und den Knoblauch schälen und grob hacken. Alles zusammen mit Tomaten, Gurke, Chilischote, Paprikapulver sowie Olivenöl und Rotweinessig sehr fein pürieren. Mit dem Abrieb und dem Saft einer Limette, Salz und Pfeffer abschmecken.

2. Anschließend alles durch ein Sieb passieren und die Gazpacho mindesten 30 Minuten kalt stellen.

3. In der Zwischenzeit den Staudensellerie und die Salatgurke in feine Würfel schneiden. Mit den Goji-Beeren und fein gehackten Kräutern vermischen und als Einlage verwenden.

Tipp

Wer es noch fruchtiger mag, kann zusätzlich eine halbe Knolle Fenchel oder 1 Handvoll Erdbeeren mit pürieren.

GEMÜSE-CURRY MIT KOKOS UND CASHEWKERNEN

ZUTATEN:

Für die Currypaste:
je 2 Schalotten und Knoblauchzehen

je 1 Handvoll Koriandergrün und Thai-Basilikum

1–2 Chilischoten

1 Stange Zitronengras

2 Kaffir-Limettenblätter

1 walnussgroßes Stück Ingwer

1 Bio-Limette

Für das Gemüse-Curry:
200 g Shiitake-Pilze

100 g grüne Bohnen

100 g Zuckerschoten

2 EL Kokosöl

200 ml Gemüsebrühe oder Wasser

300 ml Kokosmilch

1 Handvoll Cashewkerne, geröstet

1 Handvoll Thai-Basilikum und Koriandergrün

Salz, Pfeffer

2 PERSONEN

SO WIRD'S GEMACHT:

1. Zuerst die Currypaste herstellen. Dazu die Schalotten und den Knoblauch schälen. Zusammen mit Koriander, Thai-Basilikum, Chilischoten, fein geschnittenem Zitronengras, Kaffir-Limettenblättern, fein geriebenem Ingwer sowie Abrieb und Saft der Limette in einem Hochleistungsmixer möglichst fein pürieren.

2. Die Shiitake-Pilze, die grüne Bohnen und die Zuckerschoten in mundgerechte Stücke schneiden. Die Pilze in dem Kokosöl scharf anbraten und mit der Gemüsebrühe sowie der Kokosmilch aufgießen. Bei kleiner Hitze etwa 5 Minuten köcheln lassen, dann die Bohnen zugeben und alles weitere 5 Minuten leicht köcheln lassen.

3. Zum Schluss die Zuckerschoten sowie die Currypaste zugeben, einmal aufkochen lassen und mit Salz und Pfeffer abschmecken.

4. Das Curry mit gerösteten Cashewkernen und frisch gehacktem Thai-Basilikum und Koriandergrün verfeinern.

Tipp

Wer mag, kann das Gemüse durch anderes ersetzen oder ergänzen. Auch lecker mit Huhn; 5 Minuten vor Ende der Garzeit in Würfel geschnittene Hühnerbrust zugeben.

ZUCCHINISALAT MIT NÜSSEN UND FETAKÄSE

ZUTATEN:

Für den Zucchinisalat:
300 g Zucchini, grün und gelb
3 EL Haselnusskerne
3 EL Haselnussöl
1 Bio-Orange
1 TL Honig
1 Prise Cayennepfeffer
Salz, Pfeffer

Sonstiges:
100 g Fetakäse
1 Handvoll Minze

2 PERSONEN

SO WIRD'S GEMACHT:

1. Die Zucchini waschen und die Enden abschneiden. Mit einem Spiral-schneider die Zucchini zu Spaghetti schneiden.

2. Die Haselnüsse in einer Pfanne ohne Öl anrösten und abkühlen las-sen, anschließend grob hacken und mit der Zucchini vermengen.

3. Den Salat mit dem Haselnussöl, etwas Abrieb und Saft der Orange sowie dem Honig vermengen. Mit 1 Prise Cayennepfeffer, Salz und Pfeffer abschmecken.

4. Den Feta fein zerbröseln und kurz vor dem Essen zusammen mit fein geschnittener Minze zum Salat geben.

Tipp

Wer keine Haselnüsse mag oder allergisch reagiert, kann statt-dessen auch Olivenöl und z. B. Mandeln verwenden.

MANGO-PAPAYA-SALAT MIT GARNELEN

ZUTATEN:

Für den Salat:

400 g reife Papaya
½ Mango
150 g Kirschtomaten
1 rote Zwiebel
1 Kopf Romanasalat
1 Handvoll Koriandergrün
oder Petersilie
6 Rotschalen-Garnelen
½ Bio-Limette
1 EL Olivenöl
Salz, Pfeffer

Für das Dressing:

2 EL Papayasamen mit etwas
Fruchtfleisch
3 EL Olivenöl
1 Bio-Limette
je 1 TL Honig und Fischsoße
½ Pfefferschote

2 PERSONEN

SO WIRD'S GEMACHT:

1. Zuerst die Papaya halbieren, entkernen und schälen. 2 Esslöffel Samen für das Dressing behalten. Das Fruchtfleisch in gleichmäßige Würfel schneiden.

2. Die Mango schälen, den Kern auslösen und das Fruchtfleisch würfeln. Die Kirschtomaten halbieren und die rote Zwiebel in feine Streifen schneiden. Den Romanasalat in mundgerechte Stücke zupfen und alle Zutaten mit fein gehacktem Koriandergrün vermengen.

3. Für das Dressing die Papayasamen mit dem Olivenöl, etwas Abrieb und Saft einer Limette sowie dem Honig, der Fischsoße und der Pfefferschote fein pürieren. Zum Schluss mit Salz und Pfeffer abschmecken und den Salat damit marinieren.

4. Die Garnelen aus der Schale lösen und den Darm mithilfe eines kleinen Messers vorsichtig entfernen. In etwas Olivenöl etwa 2 Minuten pro Seite glasig braten und mit etwas Salz und einem Spritzer Limettensaft abschmecken.

5. Den Salat ins Glas und die Garnelen „on top" geben.

DAAL MIT ERBSEN UND MANDELKERNEN

ZUTATEN:

Für das Daal:

1 Speisezwiebel

1 Knoblauchzehe

1 Chilischote

100 g Tomaten

½ EL Senfkörner

1 TL Kreuzkümmel

2 EL Kokosöl

1 TL Kurkuma

200 g rote Linsen

300 ml Kokosmilch

100 g Erbsen, tiefgekühlt

1 TL frischer Ingwer

1 Bio-Limette

Salz, Pfeffer

Sonstiges:

1 Handvoll Koriandergrün

1 Handvoll Mandelkerne, geröstet

2 PERSONEN

SO WIRD'S GEMACHT:

1. Zuerst die geschälte Zwiebel und Knoblauchzehe sowie die Chilischote fein würfeln. Die Tomaten grob würfeln und beiseitestellen. Die Senfkörner und den Kreuzkümmel im Mörser zerstoßen.

2. Die Zwiebelwürfel mit dem Knoblauch und den zerstoßenen Gewürzen in dem Kokosöl glasig andünsten. Kurkuma und Linsen zugeben, kurz mitrösten und die Tomatenwürfel zugeben. Mit 300 ml Wasser und der Kokosmilch aufgießen und etwa 25 Minuten bei kleiner Hitze schön sämig kochen.

3. Anschließend die Erbsen zugeben und weitere 5 Minuten köcheln lassen. Mit frisch geriebenem Ingwer, Abrieb und Saft der Limette verfeinern und mit Salz und Pfeffer abschmecken.

4. Vor dem Servieren mit gehacktem Koriandergrün und gerösteten Mandelkernen bestreuen.

Tipp

Wer mag, kann das Daal mit griechischem Joghurt „on top" verfeinern.

ERBSENSUPPE MIT MINZE UND PUMPERNICKEL

ZUTATEN:

Für die Erbsen-Suppe:

3 Schalotten

1 Knoblauchzehe

1 EL Olivenöl

1 TL Vollrohrzucker

1 Prise Kreuzkümmel

500 ml Gemüsebrühe oder Wasser

250 g Erbsen, tiefgekühlt

1 Handvoll Minze

½ Bio-Limette

Muskatnuss

Salz, Pfeffer

Sonstiges:

Pumpernickel

Frühlingslauch

Minze

2 PERSONEN ¶¶

SO WIRD'S GEMACHT:

1. Die Schalotten und die Knoblauchzehe schälen, klein schneiden und in dem Olivenöl mit dem Vollrohrzucker und 1 Prise Kreuzkümmel glasig andünsten. Mit der Gemüsebrühe auffüllen und kurz aufkochen.

2. Anschließend die Erbsen sowie die Minze zugeben und 5 Minuten bei kleiner Hitze köcheln lassen. Alles zusammen sehr fein pürieren, die Suppe durch ein feines Sieb passieren und mit etwas Limettensaft, frisch geriebener Muskatnuss, Salz und Pfeffer abschmecken.

3. Als Einlage den Pumpernickel in feine Würfel, den Frühlingslauch in feine Ringe und die Minze in feine Streifen schneiden. Die Einlage erst kurz vor dem Essen hinzugeben.

AUF DIE HAND

ROTE-BETE-SANDWICH MIT ZIEGENFRISCHKÄSE

ZUTATEN:

Für das Rote-Bete-Sandwich:

250 g Rote Bete

1 Apfel

1 EL natives Olivenöl Extra

2 Zweige Thymian

1 TL Honig

4 Scheiben Vollkornbrot, z. B. Nuss-Dinkelbrot von S. 96 (siehe auch Tipp S. 39)

50 g Ziegenfrischkäse

Endiviensalat

Gartenkresse

Salz, Pfeffer

Für die Gemüsesticks:

1 Möhre

½ Salatgurke

1 Paprika

2 PERSONEN

SO WIRD'S GEMACHT:

1. Zu Beginn die Rote Bete schälen und in Alufolie eingewickelt im Backofen bei 200 °C etwa 60 Minuten lang weich backen, anschließend auskühlen lassen und in dünne Scheiben hobeln.

2. Den Apfel vierteln, entkernen und in dünne Spalten schneiden. In dem Olivenöl kurz anbraten und mit Thymian und Honig verfeinern.

3. Das Vollkornbrot von beiden Seiten anrösten und mit dem Ziegenfrischkäse bestreichen. Mit Rote-Bete-Scheiben belegen und 1 Prise Salz und etwas Pfeffer darübergeben. Zum Schluss die Apfelspalten zugeben und mit Endiviensalat, etwas Gartenkresse sowie dem gerösteten Vollkornbrot abschließen.

4. Das Gemüse für die Sticks in fingerdicke Streifen schneiden und zusammen mit dem Rote-Bete-Sandwich servieren.

Tipp

Am besten im selben Schwung einige Rote Beten mehr backen. Diese sind 1 Woche im Kühlschrank haltbar und lassen sich zu einer Creme oder Salat weiterverarbeiten.

CLUB-SANDWICH MIT HUHN UND ESTRAGON-MAYO

ZUTATEN:

Für die Hühnerbrust:

2 Hühnerbrüste
½ TL Paprikapulver
1 EL Olivenöl

Für die Estragon-Mayo:

80 ml Sojamilch
½ Zitrone
1 TL Bio-Senf
1 Handvoll Estragon
150 ml Rapsöl
50 g Crème fraîche

Sonstiges:

6 Scheiben Vollkorn-Butter-
Dinkeltoastbrot (siehe S. 92)
1 Avocado
2 hartgekochte Eier
je 1 Tomate und rote Zwiebel
Romanasalat
Salz, Pfeffer

2 PERSONEN

SO WIRD'S GEMACHT:

1. Die Hühnerbrüste mit Salz, Pfeffer und Paprikapulver würzen. In dem Olivenöl bei mittlerer Hitze 5–7 Minuten pro Seite durchbraten. Kurz ruhen lassen und in Scheiben schneiden.

2. Für die Mayo die Sojamilch mit dem Zitronensaft und dem Senf verrühren. Mit dem Pürierstab zusammen mit dem Estragon pürieren und dabei nach und nach kleine Mengen Öl zugeben, bis eine Mayonnaise entstanden ist. Mit der Crème fraîche verfeinern und mit Salz und Pfeffer abschmecken.

3. Für das Club-Sandwich das Vollkorn-Toastbrot goldgelb toasten. Avocado, hartgekochte Eier, Tomate und die rote Zwiebel in Scheiben schneiden.

4. Das erste Stockwerk mit Estragon-Mayo bestreichen und mit etwas Romanasalat, Avocado und Ei belegen.

5. Das zweite Stockwerk wieder mit der Mayo bestreichen, mit der Zwiebel, den Tomatenscheiben und der Hühnerbrust belegen. Das Sandwich mit etwas Romanasalat und Vollkorn-Toastbrot „on top" abschließen.

Tipps

Noch delikater wird das Sandwich
mit knusprig gebratenen Speck.
Vegetarier können das Hühnchen
durch geröstete Paprika
ersetzen.

PORTOBELLO-BURGER MIT HONIGZWIEBELN

ZUTATEN:

Für den Portobello:
1 Knoblauchzehe
1 Zweig Rosmarin
2 EL Olivenöl
Cayennepfeffer
2 Portobello-Pilze

Für die Röstzwiebeln:
1 große Speisezwiebel
1 Apfel
1 EL Olivenöl
1 EL Cranberrys
1 Orange
je 2 EL Apfelessig und Honig

Sonstiges:
2 Vollkornbrötchen
Bio-Senf
Salatherzen
Petersilie
Salz, Pfeffer

2 PERSONEN

SO WIRD'S GEMACHT:

1. Den Ofen auf 200 °C Umluft (220 °C Ober-/Unterhitze) vorheizen.

2. Die Knoblauchzehe schälen und hacken. Den Rosmarin ebenfalls klein hacken und mit dem Olivenöl, 1 Prise Cayennepfeffer, etwas Salz und Pfeffer würzen. Die geputzten Portobello-Pilze damit marinieren und im Ofen etwa 15 Minuten backen.

3. In der Zwischenzeit die Zwiebel schälen und ebenso wie den Apfel in feine Scheiben schneiden. Diese im Olivenöl bei mittlerer Hitze anrösten, dann die Cranberrys dazugeben und mit dem Saft der Orange ablöschen. Den Apfelessig und den Honig zugeben und etwa 5 Minuten bei kleiner Hitze einkochen.

4. Für den Portobello-Burger die Vollkornbrötchen auf den Schnittflächen anrösten und mit etwas Senf bestreichen. Einige Blätter von der Salatherzen sowie den Portobello-Pilz daraufgeben und mit frisch gezupfter Petersilie und Brötchen abschließen.

MINI-FRITTATAS MIT SPINAT UND LACHS

ZUTATEN:

4 Eier
2 EL Milch
Salz, Pfeffer
Muskatnuss
200 g Lachsfilet, entgrätet und ohne Haut
1 EL Butter
125 g Babyspinat

SO WIRD'S GEMACHT:

1. Den Backofen auf 160 °C Umluft (180 °C Ober-/Unterhitze) vorheizen.

2. Die Eier mit der Milch verquirlen und kräftig mit Salz, Pfeffer und frisch geriebener Muskatnuss würzen.

3. Das Lachsfilet mit kaltem Wasser abbrausen, trocken tupfen und in kleine Würfel schneiden. Ein Muffinblech mit Butter ausfetten. Den Babyspinat zusammen mit den Lachswürfeln in den Förmchen verteilen. Das Muffinblech gleichmäßig mit dem verquirlten Ei auffüllen.

4. Anschließend die Frittatas etwa 15 Minuten im Ofen stocken und leicht abkühlen lassen. In Papierförmchen servieren.

Tipp

Wer es würziger mag, kann noch eine Handvoll geriebenen Parmesan vor dem Backen zugeben.

6 MUFFINS

GUACAMOLE-SANDWICH MIT TOMATENSALSA

ZUTATEN:

Für die Guacamole:
2 Avocados
1 Limette
2 EL Olivenöl
1 Knoblauchzehe
½—1 Chilischote, je nach Schärfesinn
1 Tomate

Für die Tomatensalsa:
200 g Strauchtomaten
⅓ Salatgurke
½ rote Zwiebel
2 EL Olivenöl
½ Limette
1 Handvoll frischer Koriander

Sonstiges:
Vollkornbrot, z. B. Nuss-Dinkelbrot
von S. 96 (siehe auch Tipp S. 39)
Salz, Pfeffer

2 PERSONEN

SO WIRD'S GEMACHT:

1. Die Avocados halbieren, den Kern entfernen, Fruchtfleisch aus der Schale lösen und klein würfeln. Mit dem Saft einer Limette und dem Olivenöl marinieren. Die Knoblauchzehe schälen und zusammen mit der Chilischote sehr fein hacken und zu den Avocados geben. Mit einer Gabel zu einem Püree verarbeiten. Dann die Tomate vierteln, entkernen und die Tomatenfilets in Würfel schneiden. Die Tomatenwürfel unter die Guacamole heben und mit Salz und Pfeffer abschmecken.

2. Für die Salsa die Tomaten und die Gurke in kleine Würfel schneiden. Die Zwiebel in feine Scheiben schneiden. Das Olivenöl mit dem Limettensaft zu einem Dressing verrühren und mit Salz und Pfeffer abschmecken. Die Salsa damit marinieren und mit frisch gehacktem Koriandergrün verfeinern.

3. Das Vollkornbrot nach Belieben mit der Guacamole bestreichen und mit der Tomatensalsa belegen.

Tipp

Die Guacamole schmeckt auch sehr gut zu den Gemüsechips (siehe S. 114) und ist ein idealer Begleiter auf jeder Feier.

„FISH & CHIPS" MIT SÜSSKARTOFFELN

ZUTATEN:

....

Für die Süßkartoffeln:

2 Süßkartoffeln

1 EL Speisestärke

½ TL Cayennepfeffer

Salz, Pfeffer

4 EL Kokosöl

Für den Seelachs:

250 g Seelachs, entgrätet und ohne Haut

2 Eier

½ Bio-Limette

2 TL Currypulver

2 EL Dinkel-Vollkornmehl

2 EL blütenzarte Haferflocken

Dinkel-Vollkornmehl zum Wenden

Olivenöl zum Ausbacken

Für die Honig-Senf-Soße:

100 g Crème fraîche

2 EL Bio-Senf, 1 EL Honig

....

2 PERSONEN

SO WIRD'S GEMACHT:

1. Den Backofen auf 200 °C Umluft (220 °C Ober-/Unterhitze) vorheizen.

2. Die Süßkartoffeln waschen, trocken tupfen und in 1 cm breite Stifte schneiden. Die Süßkartoffelstifte in der Speisestärke wenden, mit Cayennepfeffer, Salz und Pfeffer würzen. Das Kokosöl erwärmen und über die Süßkartoffel geben. Im Ofen 15—20 Minuten knusprig backen.

3. Den Seelachs mit kaltem Wasser abbrausen, trocken tupfen und in kleine Stücke schneiden. Die Eier mit etwas Limettenabrieb und -saft sowie dem Currypulver verquirlen. Mit dem Dinkel-Vollkornmehl und den Haferflocken zu einem zähflüssigen Teig verrühren, mit Salz und Pfeffer kräftig würzen.

4. Den Seelachs rundum in Dinkel-Vollkornmehl wenden und durch den Ausbackteig ziehen. Den Seelachs bei mittlerer Hitze in Olivenöl 2—3 Minuten pro Seite goldgelb braten.

5. Zum Schluss alle Zutaten für die Honig-Senf-Soße verrühren und mit Salz und Pfeffer abschmecken.

6. Die Süßkartoffel-Pommes zusammen mit dem gebackenem Seelachs und der Honig-Senf-Soße genießen.

VEGGIE-FRIKADELLE MIT BERGKÄSE

ZUTATEN:

Für die Frikadellen:

1 Speisezwiebel

1 Knoblauchzehe

1 EL Butter

1 TL geräuchertes Paprikapulver

125 ml Milch

125 g Haferflocken

1 TL Bio-Senf

60 g würziger Bergkäse

1 Handvoll Petersilie

1 Ei

Salz, Pfeffer

Olivenöl zum Ausbacken

Sonstiges:

Bio-Senf

Radieschen

CA. 6 FRIKADELLEN

SO WIRD'S GEMACHT:

1. Zwiebel und Knoblauchzehe schälen, fein würfeln und in der Butter glasig dünsten. Das Paprikapulver zugeben und kurz mit anrösten. Mit der Milch auffüllen, leicht erwärmen und vom Herd nehmen.

2. Die Haferflocken sowie den Senf in die Milch geben und 15 Minuten quellen lassen.

3. In der Zwischenzeit den Bergkäse fein reiben und die Petersilie fein hacken. Anschließend den Käse, die Petersilie und das Ei mit den Haferflocken vermengen. Mit Salz und Pfeffer abschmecken.

4. Olivenöl in einer Pfanne erhitzen. Mithilfe eines Eisportionierers die Frikadellen in die Pfanne geben und etwas flach drücken. Die Frikadellen etwa 4 Minuten von jeder Seite goldgelb anbraten.

5. Zusammen mit etwas Senf und Radieschen genießen. Die vegetarischen Frikadellen schmecken warm oder auch kalt.

WRAPS MIT KABELJAU UND ERBSENCREME

ZUTATEN:

....

Für die Buchweizen-Wraps:
150 g Buchweizenmehl
1 Ei, 1 EL Olivenöl
2 EL Butter

Für die Erbsencreme:
je 1 Schalotte und Knoblauchzehe
1 Prise Chiliflocken, 1 EL Olivenöl
200 g Erbsen, tiefgekühlt
70 ml Gemüsebrühe oder Wasser
2 EL Mandelmus

Für den Kabeljau:
200 g Kabeljau, entgrätet und
ohne Haut
½ Bio-Limette, 1 EL Olivenöl

Sonstiges:
Babyspinat
Dill, Koriandergrün
Bio-Limette
Salz, Pfeffer

....

2 PERSONEN

SO WIRD'S GEMACHT:

1. Das Buchweizenmehl mit 300 ml Wasser und dem Ei verrühren. Das Olivenöl und 1 Prise Salz unterrühren und 15 Minuten quellen lassen. Anschließend die Wraps in einer beschichteten Pfanne in etwas Butter nach und nach ausbacken.

2. In der Zwischenzeit die Schalotte und den Knoblauch schälen und in Scheiben schneiden. Zusammen mit den Chiliflocken in Olivenöl glasig dünsten. Dann die Erbsen zugeben und mit der Gemüsebrühe auffüllen. Die Erbsen bei kleiner Hitze 3 Minuten simmern lassen. Zum Schluss das Mandelmus zugeben und alles sehr fein pürieren. Mit Salz und Pfeffer abschmecken.

3. Den Kabeljau mit kaltem Wasser abbrausen, trocken tupfen und in kleine Würfel schneiden, mit Salz und Limettenabrieb würzen. In dem Olivenöl 2 Minuten pro Seite glasig braten.

4. Die Buchweizen-Wraps mit Babyspinat und etwas Erbsenpüree belegen, den Kabeljau darüber verteilen und nach Belieben mit Kräutern wie z. B. Dill und Koriander bestreuen. Zum Schluss 1 Spritzer Limettensaft darübergeben und fest einrollen.

PULLED LAX-BURGER MIT MEERRETTICH-JOGHURT

ZUTATEN:

Für den Pulled Lax:
250 g Lachsfilet, entgrätet und
ohne Haut
2 Stängel Dill
1 EL Olivenöl

Für den Meerrettich-Joghurt:
3 EL griechischer Joghurt 10 %
½ Bio-Limette
1–2 EL frisch geriebener Meerrettich

Für die Gurke:
½ Salatgurke
½ Bio-Limette
1 EL Olivenöl
1 Handvoll Dill

Sonstiges:
2 Vollkornbrötchen
Babymangold
Salz, Pfeffer

2 PERSONEN

SO WIRD'S GEMACHT:

1. Den Ofen auf 100 °C Umluft (120 °C Ober-/Unterhitze) vorheizen. Das Lachsfilet mit kaltem Wasser abbrausen und trocken tupfen. Mit etwas Salz und Pfeffer würzen, mit den Dillstängeln belegen und mit dem Olivenöl beträufeln. Den Lachs etwa 15 Minuten im Ofen ziehen lassen, bis er glasig ist. Anschließend vorsichtig mit 2 Gabeln in grobe Stücke zerrupfen.

2. In der Zwischenzeit den griechischen Joghurt mit etwas Abrieb und den Saft der Limette verrühren. Nach Belieben mit frisch geriebenem Meerrettich sowie etwas Salz und Pfeffer abschmecken.

3. Die Salatgurke mit einem Spiralschneider zu Gurkenspaghetti drehen, mit dem Olivenöl, dem Saft der Limette und dem gehackten Dill sowie 1 Prise Salz verfeinern.

4. Für den Lax-Burger die untere Hälfte des Vollkornbrötchens mit Meerrettich-Joghurt bestreichen und mit Mangoldsalat sowie dem Pulled Lax belegen. Mit den Gurkenspaghetti und der oberen Brötchenhälfte abschließen.

RÖSTGEMÜSE-SANDWICH MIT KAPERNPESTO

ZUTATEN:

Für das Röstgemüse:
2 Paprika, gelb und rot
1 Zucchini
4 EL Olivenöl, 1 EL Apfelessig
2 Zweige Rosmarin

Für das Kapernpesto:
2 EL Kapern
1 Knoblauchzehe
1 EL Mandelkerne, blanchiert und geröstet
1 Handvoll Petersilie
5 EL Olivenöl
2 Sardellenfilets in Öl, optional
½ Zitrone

Sonstiges:
4 Scheiben Vollkorn-Butter-Dinkeltoastbrot (siehe S. 92)
Rucola, Basilikum
Salz, Pfeffer

2 PERSONEN

SO WIRD'S GEMACHT:

1. Den Ofen auf 220 °C Umluft (Ober-/Unterhitze 240 °C) vorheizen. Die Paprika entkernen und zusammen mit der Zucchini in große Stücke schneiden. Das Olivenöl mit dem Apfelessig und dem fein gehackten Rosmarin verrühren. Das Gemüse damit marinieren.

2. Das Gemüse auf einem mit Backpapier ausgelegten Backblech verteilen und mit etwas Salz und Pfeffer würzen. Im Backofen etwa 10 Minuten anrösten und anschließend auskühlen lassen.

3. In der Zwischenzeit die Kapern zusammen mit einer geschälten Knoblauchzehe, den Mandelkernen, 1 guten Handvoll Petersilie und dem Olivenöl zu einem Pesto fein pürieren. Wer mag, püriert die Sardellenfilets mit. Zum Schluss mit etwas Zitronensaft und Pfeffer abschmecken.

4. Für das Sandwich das Vollkorn-Toastbrot goldgelb rösten, mit etwas Rucola, dem gerösteten Gemüse und nach Belieben mit Pesto belegen. Zum Schluss mit gezupftem Basilikum verfeinern und mit einer weiteren Toastscheibe abschließen.

Tipp

Wer mag, kann das Sandwich noch zusätzlich mit gereiftem Pecorino verfeinern.

SPINATWAFFELN MIT JOGHURT UND KRESSE

ZUTATEN:

Für die Spinatwaffeln:

80 g Spinat

½ Knoblauchzehe

125 ml Milch, gerne auch Mandelmilch

1 EL Olivenöl

1 Ei

½ TL Reinweinstein-Backpulver

100—125 g Dinkel-Vollkornmehl

1 Spritzer Zitronensaft

Muskatnuss

Für den Limettenjoghurt:

200 g griechischer Joghurt

1 Bio-Limette

1 EL Olivenöl

Sonstiges:

1 Tomate

Kresse, z. B. Radieschenkresse

Salz, Pfeffer

CA. 6 WAFFELN

SO WIRD'S GEMACHT:

1. Den Spinat waschen und trocken schleudern. Zusammen mit der geschälten Knoblauchzehe, der Milch und dem Olivenöl gut pürieren. Das Ei verquirlen und dazugeben.

2. Anschließend das Backpulver mit 100 g Vollkornmehl vermischen und mit der Spinatmilch verrühren. Bei Bedarf etwas mehr Mehl zugeben, sodass ein zähflüssiger Teig entsteht. Mit 1 Spritzer Zitronensaft, Salz, Pfeffer und frischer Muskatnuss abschmecken.

3. Den Teig etwa 10 Minuten ruhen lassen und danach im Waffeleisen ausbacken.

4. Den Joghurt mit dem Abrieb und dem Saft der Limette sowie dem Olivenöl verrühren und mit Salz und Pfeffer abschmecken.

5. Die Spinatwaffeln mit Tomatenscheiben, dem Limettenjoghurt und etwas Kresse garnieren.

Tipp

Die Waffeln schmecken auch kalt sehr gut. Den Limettenjoghurt nach Belieben mit etwas Milch cremiger rühren.

PUTELLO-TONNATO-SANDWICH MIT PUTENBRUST

ZUTATEN:

Für die Putenbrust:

250 g Bio-Putenbrustschnitzel

1 Prise Chiliflocken

2 EL Olivenöl

Für die Tonnato-Creme:

½ rote Zwiebel

1 EL Kapern

1 Handvoll Petersilie

1 Dose Thunfisch, in Wasser

1 EL Crème fraîche

½ Zitrone

Sonstiges:

Vollkornbrot, z. B. Nuss-Dinkelbrot von S. 96 (siehe auch Tipp S. 39)

Romanasalat

1 Tomate

Salz, Pfeffer

2 PERSONEN

SO WIRD'S GEMACHT:

1. Die Putenbrustschnitzel mit einem Fleischklopfer vorsichtig flach klopfen. Mit etwas Chiliflocken, Salz und Pfeffer würzen. In Olivenöl 2—3 Minuten auf jeder Seite scharf anbraten, dann abkühlen lassen.

2. Für die Tonnato-Creme die Zwiebel schälen und fein würfeln, die Kapern und die Petersilie fein hacken. Den Thunfisch abtropfen lassen. Alles zusammen gut mit dem Thunfisch und der Crème fraîche verrühren. Zum Schluss mit etwas Zitronensaft sowie Salz und Pfeffer abschmecken.

3. Für das Putello-Tonnato-Sandwich das Vollkornbrot mit einigen Blättern Romanasalat und Tomatenscheiben, der Putenbrust und Tonnato-Creme belegen. Mit einer weiteren Scheibe Vollkornbrot abschließen und leicht andrücken.

Tipp

Die Crème fraîche lässt sich auch gut durch griechischen Joghurt (10%) ersetzen.

VEGGIE SLOPPY JOE MIT BERGLINSEN UND GURKE

ZUTATEN:

Für den Sloppy Joe:

1 Speisezwiebel, 2 Knoblauchzehen

½ Chilischote, 1 rote Paprika

1 TL Senfsaat, gelb

½ TL Kreuzkümmel, 2 EL Olivenöl

100 g Berglinsen

½ TL Rauchpaprika

1 EL Vollrohrzucker

300 g Gemüsebrühe oder Wasser

300 ml Kirschtomaten aus der Dose

1 Spritzer Limettensaft

Sonstiges:

2 Vollkorn-Baguette-Brötchen, z.B. Roggen-Buttermilch-Brötchen von S. 93

Kopfsalat, 1 Salatgurke

1 rote Zwiebel, Petersilie

Salz, Pfeffer

2 PERSONEN

SO WIRD'S GEMACHT:

1. Die Zwiebel und die Knoblauchzehe schälen und ebenso wie die Chilischote und die Paprikaschote fein würfeln. Die Senfkörner und den Kreuzkümmel fein mörsern und alles zusammen im Topf mit dem Olivenöl bei mittlerer Hitze glasig dünsten.

2. Dann die Berglinsen, die Rauchpaprika und den Vollrohrzucker dazugeben und kurz mitrösten. Mit der Gemüsebrühe ablöschen und mit den Kirschtomaten auffüllen. Alles zusammen bei kleiner Hitze 35—40 Minuten weich köcheln. Zum Schluss mit etwas Limettensaft, Salz und Pfeffer abschmecken.

3. Anschließend die Vollkorn-Baguette-Brötchen einschneiden und mit einigen Blättern Kopfsalat, Gurkenstreifen sowie reichlich Sloppy Joe füllen. Mit einigen Zwiebelringen und Petersilie garnieren.

Tipp

Der Sloppy Joe ist eine gute Alternative zu einer gewöhnlichen Bolognese. Schmeckt auch super auf einer gebackenen Süßkartoffel.

COLESLAW-BURGER MIT PEKANNUSS UND FETA

ZUTATEN:

Für den Coleslaw:

150 g Rotkohl

1 rote Zwiebel

1 Möhre (80 g)

1 Apfel

1 TL Senfsaat, gelb

1 TL Kümmel

2 EL Apfelessig

1 EL Honig

2 EL griechischer Joghurt

2 EL Tahini

Salz, Pfeffer

1 Handvoll Koriandergrün

Sonstiges:

2 Vollkornbrötchen, z.B. Roggen-Buttermilch-Brötchen von S. 93

Joghurt, Kopfsalat

Fetakäse

1 Handvoll Pekannüsse

2 PERSONEN

SO WIRD'S GEMACHT:

1. Den Rotkohl und die geschälte rote Zwiebel in sehr feine Streifen hobeln. Die Möhre schälen und zusammen mit dem Apfel fein raspeln. Die Senfsaat und den Kümmel fein mörsern und alles miteinander vermischen.

2. Den Coleslaw mit dem Apfelessig, dem Honig, dem griechischen Joghurt sowie Tahini marinieren und gut verrühren. Dann mit Salz und Pfeffer abschmecken und mit fein geschnittenem Koriandergrün verfeinern.

3. Für den Coleslaw-Burger die Vollkornbrötchen mit etwas Joghurt bestreichen. Nach Belieben mit Kopfsalat, Fetakäse, Coleslaw und 1 Handvoll Pekannüssen belegen.

Tipp

Der Coleslaw lässt sich natürlich auch mit Weißkohl oder Spitzkohl zubereiten.

SÜSSES KÜRBIS-SANDWICH MIT ERDNUSSMUS

ZUTATEN:

Für den Kürbisstampf:

400 g Hokkaido-Kürbis

2 EL Kokosöl

40 g Vollrohrzucker

2 Bio-Orangen

3 EL Apfelessig

1 Stange Zimt

½ Vanilleschote

1 TL Ingwerabrieb

Salz

Sonstiges:

8 Vollkorn-Butter-Dinkeltoastbrot
(siehe S. 92)

Erdnussmus

Kürbiskerne

2 PERSONEN 🍴

SO WIRD'S GEMACHT:

1. Den Kürbis halbieren, entkernen und in feine Würfel schneiden. Dann die Kürbiswürfel in dem Kokosöl bei mittlerer Hitze andünsten. Den Vollrohrzucker zugeben und langsam karamellisieren lassen.

2. Mit dem frisch gepressten Orangensaft und dem Apfelessig ablöschen. Die Stange Zimt sowie das Mark der Vanilleschote zugeben und alles etwa 20 Minuten bei kleiner Hitze weich köcheln.

3. Anschließend die Gewürze entfernen und alles mit der Gabel oder einem Kartoffelstampfer zu grobem Püree pressen. Zum Schluss mit Ingwerabrieb und 1 Prise Salz verfeinern.

4. Für das Sandwich das Toastbrot anrösten oder toasten, die untere Hälfte mit Erdnussmus bestreichen und nach Belieben mit dem Kürbisstampf sowie einigen Kürbiskernen belegen. Mit einer weiteren Scheibe Toastbrot abschließen.

Tipp

Die geputzten Kerne des
Hokkaido-Kürbisses können im
Ofen geröstet werden und sind
ein prima Snack.

FRENCH TOAST MIT CHUTNEY UND AVOCADO

ZUTATEN:

Für das Tomatenchutney:

100 g Speisezwiebeln

500 g reife Strauchtomaten

1 EL Olivenöl

½ TL Koriandersamen

1 Lorbeerblatt

1 Bio-Zitrone

Salz

2–4 EL Ahornsirup

Für den French Toast:

2 Eier

4 EL Milch

1 Prise Cayennepfeffer

8 Scheiben Vollkorn-Butter-Dinkeltoastbrot (siehe S. 92)

Sonstiges:

1 Avocado

Koriander oder Petersilie

2 PERSONEN

SO WIRD'S GEMACHT:

1. Für das Tomatenchutney die Zwiebel in feine Würfel und die Tomaten in grobe Stücke schneiden. Die Zwiebelwürfel in einem breiten Topf in Olivenöl glasig dünsten, dann gestoßene Koriandersamen und das Lorbeerblatt zugeben. Mit den Tomatenstücken auffüllen, etwas Abrieb sowie den Saft der Zitrone und 1 Prise Salz zugeben.

2. Mit 2 Esslöffeln Ahornsirup verrühren und bei kleiner Hitze etwa 20 Minuten sämig einkochen. Zum Schluss nach Belieben mit dem restlichen Ahornsirup abschmecken.

3. Für den French Toast die Eier mit der Milch verquirlen und mit Cayennepfeffer und etwas Salz würzen. Die Toastbrotscheiben nach und nach von beiden Seiten in der Eiermasse tränken.

4. Die Avocado halbieren, entkernen, aus der Schale lösen und in feine Scheiben schneiden. Jeweils 1 Toastscheibe nach Belieben mit Avocado und dem Tomatenchutney belegen. Mit etwas frisch gezupften Kräutern verfeinern und mit einer zweiten Toastscheibe abschließen. Leicht andrücken.

5. Den French Toast von beiden Seiten bei mittlerer Hitze in einer beschichteten Pfanne goldgelb anbraten.

Tipp

Noch fruchtiger wird das Tomatenchutney, wenn man während
des Kochens einen geriebenen
Apfel dazugibt.

VOLLKORN-BUTTER-DINKELTOASTBROT

ZUTATEN:

10 g frische Hefe
10 g Vollrohrzucker
5 g Salz
300 g Dinkel-Vollkornmehl
30 g Butter oder Kokosöl

1 TOASTBROT

SO WIRD'S GEMACHT:

1. 220 ml lauwarmes Wasser mit der Hefe, dem Vollrohrzucker sowie dem Salz verrühren. Das Mehl zugeben und alle Zutaten kurz auf niedrigster Stufe der Küchenmaschine vermischen. Dann etwa 10 Minuten auf zweiter Stufe zu einem elastischen und glatten Teig verarbeiten.

2. Den Teig an einem warmen Ort etwa 1 Stunde zugedeckt gehen lassen und ihn anschließend auf einer mehlierten Arbeitsfläche rund wirken. 10 Minuten ruhen lassen.

3. Einen etwa 20 cm langen Strang formen, diesen in vier gleich große Stücke teilen. Dazu den Teig einmal halbieren und die entstandenen Hälfen ebenfalls halbieren.

4. Eine 500-g-Toast-Backform oder eine 20-cm-Kastenform gut einfetten und die Teiglinge um 90 Grad gedreht, also quer nebeneinander, in die gefettete Form legen. Weitere 45 Minuten gehen lassen. Den Backofen auf 200 °C Umluft (210 °C Ober-/-Unterhitze) vorheizen.

5. Das Brot 30—40 Minuten goldgelb backen, dann sofort aus der Form nehmen und abkühlen lassen.

ROGGEN-BUTTERMILCH-BRÖTCHEN

ZUTATEN:

220 ml Buttermilch, zimmerwarm
20 g frische Hefe
5 g Vollrohrzucker
5 g Salz
1 EL Apfelessig
100 g Weizen-Vollkornmehl
150 g Roggen-Vollkornmeh

Tipp

Wer mag, kann in den Teig Kerne und Nüsse einarbeiten oder die Brötchen „on top" verfeinern. Dazu die Brötchen vor dem Backen mit etwas Wasser bestreichen und mit den Kernen oder Nüssen bestreuen.

4—6 BRÖTCHEN 🍴

SO WIRD'S GEMACHT:

1. Die Buttermilch mit Hefe, Vollrohrzucker, Salz und Apfelessig verrühren. Das Mehl zugeben und alle Zutaten kurz auf niedrigster Stufe der Küchenmaschine vermischen, dann etwa 5 Minuten auf zweiter Stufe zu einem elastischen und glatten Teig verarbeiten.

2. Den Teig an einem warmen Ort etwa 1 Stunde zugedeckt gehen lassen. Anschließend den Teig auf einer mehlierten Arbeitsfläche rund wirken und 10 Minuten ruhen lassen.

3. Daraus einen Strang formen und diesen, je nach Belieben, in vier oder sechs gleich große Stücke teilen. Diese erneut rund wirken und auf einem mit Backpapier ausgelegten Backblech ausbreiten. Die Brötchen nochmals 30—40 Minuten gehen lassen.

4. In der Zwischenzeit den Ofen auf 200 °C Umluft (210°C Ober-/Unterhitze) vorheizen und eine mit Wasser gefüllte ofenfeste Schale auf den Ofenboden stellen. Die Brötchen 12—15 Minuten ausbacken und anschließend auskühlen lassen.

BENTO MIT NUSSBROT UND ERDNUSSMUS

ZUTATEN:

Für das Nuss-Dinkelbrot:
500 g Dinkel-Vollkornmehl
1 Päckchen Trockenhefe
2 EL Apfelessig
1 EL Olivenöl
2 TL Salz
60 g getrocknete Beeren
60 g Haselnusskerne

Sonstiges:
Erdnussmus
Romanasalat
Salatgurke
Kirschtomaten
Apfel
½ Zitrone

2 PERSONEN ❚❚

SO WIRD'S GEMACHT:

1. Das Dinkel-Vollkornmehl mit der Trockenhefe vermischen. Zusammen mit dem Apfelessig, 300 ml Wasser, Olivenöl und Salz zu einem Teig verkneten. Zum Schluss die getrockneten Beeren und grob gehackten Haselnüsse einarbeiten.

2. Den Teig für eine halbe Stunde abgedeckt an einem warmen Ort ruhen lassen. Anschließend nochmals kneten und in eine gefettete Kastenform geben. Weitere 30 Minuten gehen lassen.

3. In der Zwischenzeit den Ofen auf 180 °C Umluft (200 °C Ober-/Unterhitze) vorheizen und das Brot 30—45 Minuten backen. Leicht abkühlen lassen und aus der Form stürzen.

4. Für die Bento-Box Erdnussmus abfüllen. Romanasalat und Gurken-scheiben sowie Kirschtomaten einpacken. Zusätzlich noch 1 Apfel in Scheiben schneiden und mit 1 spritzer Zitronensaft marinieren.

Tipp

Das Brot ist fertig, wenn es sich
bei leichtem Klopfen „hohl" anhört.
Es lässt sich nach Belieben variieren:
Einfach mal 1 Handvoll Oliven
anstatt den getrockneten Beeren
einarbeiten.

TACO-BENTO MIT CHILIHUHN UND GUACAMOLE

ZUTATEN:

Für die Tacos:
250 g Dinkel-Vollkornmehl
1 EL Kokosöl
1 TL Kurkuma
Kokosöl zum Braten

Für das Chilihuhn:
300 g Hühnerbrust
1 Limette
2 EL Olivenöl
2 EL Tamari-Sojasoße
1 Chilischote

Sonstiges:
je 1 Tomate und Paprika
1 rote Zwiebel
Frühlingslauch
Koriandergrün
Salat
Guacamole (siehe S. 68)
Salz, Pfeffer

2 PERSONEN

SO WIRD'S GEMACHT:

1. Zuerst das Dinkel-Vollkornmehl gut mit flüssigem Kokosöl, Kurkuma, 1 Teelöffel Salz und 150—170 ml Wasser zu einem geschmeidigen Teig verkneten. Diesen abgedeckt 20 Minuten ruhen lassen. Anschließend den Teig halbieren und die Hälften achteln. Die Teiglinge auf einer bemehlten Fläche dünn ausrollen und in einer heißen Pfanne von beiden Seiten ausbacken.

2. Die Hühnerbrust in kleine Stücke schneiden und mit dem Saft der Limette, Olivenöl, der Sojasoße sowie einer fein geschnittenen Chilischote 20 Minuten marinieren.

3. Die Hühnerbrust-Stücke in einer Pfanne 3—5 Minuten pro Seite anbraten und nach Belieben mit Salz und Pfeffer würzen.

4. Für die Bento-Box das Gemüse klein schneiden, einige Salatblätter sowie die Guacamole einpacken. Die Tacos frisch nach Belieben belegen und genießen.

Tipp

Die Hühnerbrust wird noch aromatischer, wenn man sie über Nacht in der Marinade ziehen lässt.

SUMMERROLLS-BENTO MIT MANGO-GURKEN-SALAT

ZUTATEN:

Für die Summerrolls:
je 1 Avocado und Paprika
1 Möhre, Romanasalat
Reispapier
je 1 Handvoll Thai-Basilikum und
Minze
150 g Eismeergarnelen

Für die Erdnusssoße:
150 g Erdnussmus
2–3 EL Tamari-Sojasoße
1 TL Ingwerabrieb, ½ Chilischote

Für den Mango-Gurken-Salat:
je 1 reife Mango und Salatgurke
1 Pfefferschote
2 Stangen Frühlingslauch
3 EL Sesamöl
1 EL brauner Reisessig
1 Handvoll Koriandergrün
1 Handvoll Erdnüsse
Salz, Pfeffer

2 PERSONEN

SO WIRD'S GEMACHT:

1. Zuerst die Avocado halbieren, entkernen und das Fruchtfleisch aus der Schale lösen. In feine Scheiben schneiden. Die Paprika entkernen, die Möhre schälen und zusammen mit dem Romanasalat in feine Streifen schneiden.

2. Für die Summerrolls das Reispapier nach und nach in warmem Wasser anfeuchten, bis es elastisch wird. Nach Belieben mit frisch gezupften Kräutern, Eismeergarnelen, dem Gemüse und der Avocado belegen. Darauf achten, dass die Rollen nicht zu voll werden und sich gut einrollen lassen.

3. Für die Soße das Erdnussmus mit der Sojasoße verrühren, mit frisch geriebenem Ingwer und fein gehackter Chilischote abschmecken und mit etwas Wasser cremig rühren.

4. Für den Salat die Mango schälen, den Kern auslösen und ihr Fruchtfleisch sowie die Salatgurke in Würfel schneiden. Die Pfefferschote und den Frühlingslauch in feine Ringe schneiden und alles mit dem Sesamöl und dem braunen Reisessig verrühren. Zum Schluss mit etwas Salz und Pfeffer abschmecken und mit gehacktem Koriandergrün und Erdnüssen verfeinern

Tipps

Wer auf das Reispapier verzichten
möchte, kann die Summerrolls auch direkt
in ein Salatblatt einwickeln.
Die Rollen lassen sich am Vortag zubereiten
und luftdicht verschlossen im Kühlschrank
lagern. Ein Blatt Salat zwischen den Rollen
verhindert ein Zusammenkleben.

FALAFEL-BENTO MIT HUMMUS UND SALAT

ZUTATEN:

Für die Falafel-Bällchen:

200 g Kichererbsen, getrocknet
100 g Speisezwiebel
1 Knoblauchzehe
1 Handvoll Basilikum
1 TL Kreuzkümmel
Olivenöl zum Braten

Für den Hummus:

400 g Kichererbsen, aus der Dose
(250 g Abtropfgewicht)
1 Knoblauchzehe, 2 EL Tahini
2 EL Olivenöl, ½ Zitrone
1 Prise Kreuzkümmel

Für den Tomaten-Gurken-Salat:

200 g Kirschtomaten
2 kleine Gurken, 1 Pfefferschote
1 Handvoll Thai-Basilikum
4 EL Sesamöl, ½ Zitrone
Salz, Pfeffer

2 PERSONEN

SO WIRD'S GEMACHT:

1. Die Kichererbsen über Nacht in reichlich Wasser einweichen, und dann gut abtropfen lassen. Die Zwiebel und die Knoblauchzehe schälen und grob hacken. Die Basilikumblätter von den Stielen zupfen. Alles zusammen im Zerkleinerer gut pürieren und mit Salz, Pfeffer sowie dem Kreuzkümmel abschmecken.

2. Nun gleichmäßige Bällchen formen — wer mag, nimmt einen Eisportionierer zu Hilfe — und in einer Pfanne bei mittlerer Hitze mit etwas Olivenöl von beiden Seiten goldgelb braten.

3. Für den Hummus die Kichererbsen abtropfen lassen und die Knoblauchzehe schälen. Zusammen mit dem Tahini, Olivenöl und 2–5 Esslöffeln Wasser fein pürieren, bis die Masse cremig wird. Mit etwas Abrieb und Saft der Zitrone, Salz und Pfeffer sowie dem Kreuzkümmel abschmecken.

4. Für den Salat die Kirschtomaten halbieren, die Gurken mit einem Sparschäler längs in feine Scheiben schneiden. Die Pfefferschote sowie das Thai-Basilikum klein hacken und alles mit Sesamöl, etwas Zitronensaft, Salz und Pfeffer abschmecken.

Tipp

Die Falafel-Bällchen und der Hummus
lassen sich schon am Vortag
zubereiten und sind im Kühlschrank
einige Tage lang haltbar.

SATÉ-BENTO MIT CURRYSOSSE UND NATURREIS-SALAT

ZUTATEN:

Für die Saté-Spieße:

300 g Hühnerbrust
6 EL Tamari-Sojasoße
1 EL Vollrohrzucker
je 1 Bio-Limette und Chilischote
2 EL Kokosöl

Für die Currysoße:

150 g Mandelmus
2—4 EL Kokosmilch
2 TL Madras-Currypulver
Chilischote, nach Geschmack

Für den Naturreis-Salat:

60 g Naturreis
½ Mango, 1 Paprika
je 1 rote Zwiebel und Chilischote
2 EL Sesamöl, ½ Limette
1 Handvoll Koriandergrün
Kokosflocken
Salz, Pfeffer

2 PERSONEN

SO WIRD'S GEMACHT:

1. Für die Saté-Spieße die Hühnerbrust längs in Streifen schneiden. Mindestens eine halbe Stunde in Sojasoße, Vollrohrzucker, Zesten und Saft der Limette und gehackter Chilischote marinieren. Anschließend aufspießen und in Kokosöl bei mittlerer Hitze etwa 3 Minuten pro Seite braten.

2. Für die Soße das Mandelmus mit der Kokosmilch, dem Currypulver sowie etwas fein gehackter Chilischote verrühren. Mit Salz und Pfeffer abschmecken.

3. Den Naturreis kalt abspülen und in 150 ml Wasser etwa 30 Minuten gar kochen, anschließend abkühlen lassen.

4. In der Zwischenzeit die Mango, die Paprikaschoten und die rote Zwiebel in kleine Würfel schneiden. Die Chilischote fein hacken. Alles zu dem gekochten Reis geben und mit dem Sesamöl und dem Saft der Limette marinieren. Mit Salz und Pfeffer abschmecken und mit fein gehacktem Koriandergrün und Kokosflocken verfeinern.

Tipp

Passend dazu sind Edamame im Asialaden erhältlich. Einfach kurz in Salzwasser blanchieren und anschließend mit etwas Meersalz bestreuen.

ANTIPASTI-BENTO MIT QUINOASALAT UND OLIVEN

ZUTATEN:

Für die Antipasti:
je 1 Zucchini und Paprika
200 g Champignons
2 Zweige Rosmarin
1 Knoblauchzehe, 4 EL Olivenöl
2 EL heller Balsamico-Essig
1 Handvoll Pinienkerne, geröstet
1 Handvoll Basilikum
Olivenöl zum Braten

Für den Quinoasalat:
125 g Quinoa
250 ml Gemüsebrühe oder Wasser
2 Tomaten
1 Handvoll Kalamata-Oliven, entkernt
1 Handvoll Rucola, 3 EL Olivenöl
1 EL heller Balsamico-Essig

Für das Tomaten-Mozzarella:
1 Kugel Mozzarella
1 reife Rispentomate
etwas Basilikum, 1 EL Olivenöl
Salz, Pfeffer

2 PERSONEN

SO WIRD'S GEMACHT:

1. Zuerst das Antipasti-Gemüse in mundgerechte Stücke schneiden, den Rosmarin und den geschälten Knoblauch fein hacken. Das Gemüse in etwas Olivenöl nach und nach scharf anbraten, kurz vor Schluss mit etwas Rosmarin und Knoblauch verfeinern. Anschließend mit 4 Esslöffeln Olivenöl und dem hellen Balsamico-Essig marinieren, mit Salz und Pfeffer abschmecken. Mit gerösteten Pinienkernen und fein geschnittenem Basilikum verfeinern.

2. Den Quinoa unter kaltem Wasser gut durchspülen. Die Gemüsebrühe mit etwas Salz aufkochen lassen, den Quinoa zugeben und zugedeckt bei kleiner Hitze etwa 15 Minuten gar köcheln. Anschließend auskühlen lassen. Die Tomaten fein würfeln und zusammen mit den Kalamata-Oliven sowie etwas Rucola unter den Quinoa heben. Zum Schluss mit dem Olivenöl und dem hellen Balsamico-Essig marinieren. Eventuell mit etwas Salz und Pfeffer abschmecken.

3. Den Mozzarella und die Tomate in Scheiben schneiden und abwechselnd schichten, mit Salz und Pfeffer würzen und mit etwas fein geschnittenem Basilikum und Olivenöl verfeinern.

Tipp

Die Antipasti schmeckt am nächsten Tag noch aromatischer, am besten vor dem Verzehr auf Raumtemperatur erwärmen.

GEMÜSEKISTE MIT SCHAFSKÄSE-QUARK

ZUTATEN:

Für die Gemüsekiste:

500 g Gemüse, z. B. Möhre,
Staudensellerie, Paprika, Radieschen, Kohlrabi, Strauchtomaten

Für den Schafskäse-Quark:

100 g Schafskäse

150 g Quark

1 EL Olivenöl

2 Stangen Frühlingslauch

½ Knoblauchzehe

1 Handvoll Petersilie

etwa 10 Blätter Minze

1—2 EL Milch oder Wasser

Salz, Pfeffer

2 PERSONEN

SO WIRD'S GEMACHT:

1. Das Gemüse gut waschen und schälen. Bei dem Staudensellerie die Fäden ziehen. Anschließend alles in feine Stifte schneiden.

2. Den Schafskäse fein zerbröseln und zusammen mit dem Quark und dem Olivenöl verrühren. Den Frühlingslauch sowie den geschälten Knoblauch in feine Scheiben schneiden und zusammen mit den Kräutern zu dem Quark geben. Alles zusammen fein pürieren und nach Belieben mit etwas Milch oder Wasser cremig rühren. Zum Schluss nur noch mit Salz und Pfeffer abschmecken.

Tipp

Das Gemüse kann im Kühl-
schrank in einem feuchten Tuch
eingeschlagen über Nacht aufbewahrt werden.

OBSTKISTE MIT MATCHA-JOGHURT UND BASILIKUM

ZUTATEN:

Für die Obstkiste:

500 g Obst nach Saison,
z. B. Äpfel, Birnen, Aprikosen,
Kiwi, Pampelmuse, Weintrauben,
Mango, Physalis
1 Handvoll Granatapfelkerne
1 Handvoll Basilikum
1 Orange
1 EL Haselnussöl
1 EL Honig, optional

Für den Matcha-Joghurt:

150 g griechischer Joghurt
½ Vanilleschote
1 Bio-Limette
1 TL Honig
1—2 TL Matcha
1 Handvoll Mandelkerne, geröstet

2 PERSONEN

SO WIRD'S GEMACHT:

1. Das Obst je nach Sorte und Frucht waschen, schälen und in kleine Stücke schneiden. Mit den Granatapfelkernen und fein geschnittenem Basilikum vermischen. Mit dem Saft der Orange und dem Haselnussöl marinieren und mit etwas Honig süßen.

2. Den griechischen Joghurt mit dem Mark der Vanilleschote, etwas Abrieb und Saft der Limette sowie ein wenig Honig cremig rühren. Je nach gewünschter Intensität 1—2 Teelöffel Matcha einrühren. Zum Schluss mit Mandelkernen verfeinern.

Tipp

Lässt sich bequem am Vortag zubereiten und ist die perfekte Vitaminbombe für zwischendurch.

SNACK
TIME

WÜRZIGE GEMÜSECHIPS MIT SESAM UND ROSMARIN

ZUTATEN:

500 g Gemüse,
z. B. Rote Beten, Süßkartoffeln,
Möhren, Pastinaken, Grünkohl
1—2 EL natives Olivenöl Extra
Sesamsamen
Rosmarin
Salz, Pfeffer

2 PERSONEN

SO WIRD'S GEMACHT:

1. Das Gemüse gut waschen und trocken tupfen. Mit einem Gemüse-hobel das Gemüse in feine Scheiben schneiden. Bei dem Grünkohl den dicken, harten Strunk entfernen.

2. Das Gemüse mit Olivenöl, 1 guten Prise Salz und Pfeffer marinieren. Nach Geschmack Sesam oder gehackten Rosmarin unterrühren.

3. Die Gemüsescheiben auf einem mit Backpapier ausgelegten Blech verteilen und im Backofen bei etwa 120 °C Umluft 30—60 Minuten trocknen. Die Backzeit variiert ja nach Gemüsesorte und der Stärke der Scheiben. Die Backofentür mithilfe eines Küchentuchs einen kleinen Spalt offen lassen, damit die Feuchtigkeit entweichen kann. Am besten das Gemüse nach der Hälfte der Zeit wenden.

4. Die Chips sollten möglichst luftdicht aufbewahrt werden.

Tipps

Das Gemüse dicht aneinander auf dem Blech auslegen, da es beim Backen stark schrumpft. Die Chips lassen sich aus beinahe jeder Gemüsesorte herstellen. Auch die Marinade kann man nach Geschmack mit anderen Gewürzen und Kräutern verändern.

CURRY-POPCORN MIT HONIG UND MEERSALZ

ZUTATEN:

Für das Popcorn:
1–2 EL Kokosöl
75 g Popcornmais

Für die Marinade:
2 EL Kakaobutter oder Kokosöl
2 EL Honig
1 EL Madras-Currypulver
1 TL Meersalz

SO WIRD'S GEMACHT:

1. Für das Popcorn das Kokosöl in einem breiten Topf geben, sodass der Boden gleichmäßig bedeckt ist und erhitzen. Den Mais zugeben und mit einem Deckel verschließen; bei mittlerer Hitze 4–5 Minuten aufpoppen lassen. Zwischendurch den Topf hin- und herrütteln, dabei den Deckel geschlossen lassen. Sind keine Geräusche mehr zu hören, den Topf vom Herd nehmen.

2. Anschließend die Kakaobutter erwärmen und das Currypulver und den Honig unterrühren. Damit das Popcorn marinieren und mit etwas Meersalz bestreuen.

Tipps

Das Curry-Popcorn luftdicht aufbewahren. Es gibt unzählige Varianten von Curry: Hier lohnt es sich, sich durch die verschiedenen Sorten zu probieren.

2 PERSONEN

KIRSCH-POWERBALLS MIT KAKAO-NIBS

ZUTATEN:

80 g blanchierte Mandeln
40 g Cashewkerne
120 g getrocknete Kirschen
60 g Datteln
½ Bio-Limette
½ Vanilleschote
Salz
Kakao-Nibs zum Wälzen

SO WIRD'S GEMACHT:

1. Die Mandeln mit den Cashewkernen in einem Zerkleinerer fein hacken. Die Kirschen sowie die Datteln dazugeben und kurz miteinander mixen. Dann den Abrieb und Saft einer halben Limette, das Mark der Vanilleschote und 1 Prise Salz zugeben. Alles so lange miteinander mixen, bis eine zähe Maße entsteht.

2. Die Kirschmasse zu einer Rolle formen und in gleich große Stücke schneiden, diese anschließend zu Kugeln formen.

3. Zum Schluss die Kakao-Nibs fein hacken und die Powerballs darin rundum wälzen.

Tipp

Am besten schmecken
die Powerballs leicht gekühlt.

CA. 20 POWERBALLS

NUSS-POWER-RIEGEL MIT HONIG UND CHIA-SAMEN

ZUTATEN:

160 g Nüsse, z.B. Mandeln,
Cashewkerne, Pekannüsse,
Pistazien, Kürbiskerne

100 g getrocknete Früchte, z.B.
Cranberrys, Kirschen, Physalis

60 g Haferflocken

1 EL Sesamsamen

1 EL Chia-Samen

1 EL Kokosöl

50 g Honig

50 g Rohrohrzucker

CA. 8 RIEGEL 🍴

SO WIRD'S GEMACHT:

1. Die Nüsse grob hacken und die getrockneten Früchte klein schneiden. Beides mit Haferflocken, Sesamsamen und Chia-Samen vermischen.

2. Das Kokosöl mit dem Honig erwärmen und den Rohrohrzucker unterrühren. Anschließend ordentlich mit der Nussmischung vermengen.

3. Den Backofen auf 160 °C Umluft vorheizen. Eine Auflaufform (ca. 18 x 18 cm) mit Backpapier auslegen und die Nussmasse gleichmäßig darauf verteilen. Die zähe Masse mithilfe eines zweiten Backpapiers sehr fest in die Form drücken und etwa 30 Minuten goldgelb backen.

4. Noch lauwarm acht Power-Riegel daraus schneiden und komplett auskühlen lassen.

WAFFELN MIT BLAUBEEREN UND KAKAO-NIBS

ZUTATEN:

2 Eier

80 g Kokosblütenzucker

1 Prise Zimtpulver

½ Vanilleschote

30 g Kokosöl

1 Bio-Orange

150 ml Mandelmilch

200 g Weizen- oder Dinkel-Vollkornmehl

1 TL Reinweinstein-Backpulver

100 g Blaubeeren

2 EL Kakao-Nibs

CA. 6 WAFFELN

SO WIRD'S GEMACHT:

1. Zuerst die Eier mit dem Kokosblütenzucker, dem Zimt und dem Mark der Vanilleschote cremig aufschlagen.

2. In der Zwischenzeit das Kokosöl schmelzen, den Abrieb sowie den Saft der Orange dazugeben und mit der Mandelmilch auffüllen.

3. Das Vollkornmehl mit dem Weinstein-Backpulver vermischen und vorsichtig unter die Mandelmilch rühren. Zum Schluss die aufgeschlagenen Eier unterheben und die Blaubeeren sowie die Kakao-Nibs dazugeben.

4. Das Waffeleisen vorheizen und etwas einfetten. Nach und nach die Waffeln goldgelb ausbacken. Anschließend auf einem Gitter abkühlen lassen. Ein leckerer Snack für unterwegs!

Tipp

Die Blaubeer-Waffeln schmecken noch besser mit etwas Mandelmus und frischen Blaubeeren.

REGISTER

ÜBER DIE AUTOREN

ANTON ENNS

AUTOR, KOCH UND FOODSTYLIST

Die Leidenschaft für gutes Essen machte Anton Enns sich zum Beruf. Seit seiner mit Auszeichnung abgeschlossenen Ausbildung zum Koch machte er Station in verschiedenen prämierten Restaurants, wo er die Vielseitigkeit der unterschiedlichsten Küchen schätzen lernte.

Seine Erfahrung, Inspiration und Kreativität bringt er nun als Foodstylist in die Arbeit für Verlage, Agenturen und Unternehmen ein. Bei exklusiven Kochevents seiner Gaumenwerkstatt gibt er sein Wissen gerne weiter und überzeugt seine Gäste mit neuen, leckeren Kreationen.

www.gaumenwerkstatt.de

MICHAEL WECKERLE

PERSONALTRAINER UND AUTOR

Gesunde Ernährung, Clean Eating und Sport — das sind die drei Eckpfeiler für Michael Weckerle, Ernährungsberater, Personaltrainer und Motivator. Der ehemalige Ironman-Teilnehmer lebt mit seiner Familie in München. Mit seinem Blog Eat clean und auf Facebook (aktuell über 11.000 Likes) motiviert der Ernährungsexperte Menschen, langfristig zu einer gesünderen Lebensweise zu gelangen.

www.eat-clean.de

DANKE

ANTON ENNS

Zu einem gelungenen Buch gehört die Danksagung genauso dazu wie die vielen, kreativen Köpfe und Hände, ohne die es gar nicht möglich gewesen wäre.

Mein besonderer Dank geht an Nadja Buchczik, die mich nicht nur während der Produktion ertragen, sondern sich auch als Testesserin „opfern" musste.

Ein herzlicher Dank gilt natürlich auch dem Verlagsteam der Edition Michael Fischer und ganz besonders Annika Christof, die die Entstehung des Buchs tatkräftig begleitet und bereichert hat.

Weiterer Dank auch an Michael Weckerle für seine Unterstützung und alle anderen fleißigen Helfer, die zum Gelingen beigetragen haben.

Unterstützt wurde dieses Projekt mit schönen Gläsern, Boxen und Gefäßen von

black + blum: **www.black-blum.com**

Lieblingsglas: **www.lieblingsglas.de**

monbento: **www.monbento.com**

Riess: **www.riess.at**

Zuperzozial: **www.zuperzozial.com**

Dafür ein großes Dankeschön!

MICHAEL WECKERLE

Danke an meine liebe Frau Nadine, die mich sehr unterstützt hat. Bedanken will ich mich beim Team der Edition Michael Fischer, die mir die Möglichkeit gegeben haben, an diesem Buch mitzuwirken. Danke an Anton Enns, der die großartigen Rezepte beigesteuert hat, und an Annika Christof für die tolle Zusammenarbeit.

IMPRESSUM

Bibliografische Information der Deutschen Bibliothek.

Die Deutsche Bibliothek verzeichnet diese Publikation in der deutschen Nationalbibliografie.

Detaillierte bibliografische Daten sind im Internet über http://www.d-nb.de/ abrufbar.

EIN BUCH DER EDITION MICHAEL FISCHER

2. Auflage 2017

© 2016 Edition Michael Fischer GmbH, Igling

Covergestaltung + Satz: Bernadett Linseisen
Reihenlayout: Claudia Eder, Augsburg, Silvia Keller
Produktmanagement: Annika Christof
Redaktion und Lektorat: Annika Christof und Maryna Zimdars, Unterföhring
Texte Grundlagenteil: Michael Weckerle, München
Rezepte und Foodstyling: Anton Enns, Bielefeld
Fotos: Nadja Buchczik, Bielefeld,
außer S. 9, 126 von Patrick Wittmann, München

ISBN 978-3-86355-550-4

Printed in Slovakia

www.emf-verlag.de